당신은 행복하십니까?

|양육지침서|

양 육 자: _____

양육대상자: _____

믿음의 기초를 세우는 10가지 복음 메시지

당신은 행복하십니까?

| 양육지침서 |

유기성 지음

위드지저스

머리말

복음만이
세상의 소망입니다

복음은 사람을 구원하는 하나님의 능력입니다. 복음만이 사람을 살릴 수 있고, 복음만이 사람을 진정으로 변화시킬 수 있습니다. 복음만이 세상의 유일한 소망입니다.

그리스도의 교회는 예배 공동체인 동시에 양육 공동체입니다. 복음으로 사람들을 세우고 성장하도록 돕는 것이 교회의 존재 목적입니다.

그러나 안타까운 사실은 교회가 사람들에게 복음으로 양육 받을 기회를 충분히 제공하지 못한다는 것입니다.

복음으로 양육 받을 기회를 얻지 못해, 예수님을 만나지 못하고 교회만 다니는 사람들이 있다면 그들을 향한 하나님의 안타까움이 얼마나 크겠습니까?

본 양육교재는 세 가지 목적이 있습니다.
첫 번째는 구원자이신 예수님을 인격적으로 만날 수 있도록 돕는 것입니다.
두 번째는 구원의 확신을 갖도록 돕는 것입니다.
세 번째는 예수님의 제자로 성숙하도록 돕는 것입니다.

처음 교회를 다니는 사람은 10주간의 양육을 통해 예수님을 인격적으로 만나고 믿음의 기초를 세우게 됩니다. 신앙생활에 관한 궁금증을 해결하고 교회가 어떤 곳인지 자세히 알게 될 것입니다.

이미 예수 그리스도를 만난 기존 신자에게는 복음을 다시 한 번 정리하고 구원의 확신을 점검하는 기회가 될 것입니다. 양육을 통하여 교회를 알고 소속감과 교회를 사랑하게 되는 은혜를 누릴 수 있습니다.

건강한 성도와 건강한 교회를 세우는 데 본 양육교재가 하나님의 도구로 사용될 수 있기를 소망하며, 양육을 받는 모든 분이 하나님의 특별한 은혜를 경험하기를 기도합니다.

유기남 목사

차례

머리말　　　　　　004
이 책에 대해　　　 008

01 당신은
행복하십니까?　　　　　　　　　　015

02 구원받으면
어떤 복을 받을까요?　　　　　　　029

03 예수님을 믿고 죄를 지으면
어떻게 될까요?　　　　　　　　　043

04 구원받은 성도에게는
영적인 권세가 있습니다　　　　　055

05 새로운 갈등에
도전하십시오　　　　　　　　　　067

06	구원받은 성도는 기도의 응답을 받습니다	079
07	구원받은 성도는 말씀에 순종하는 삶을 살아야 합니다	093
08	구원받은 사람은 구원받은 증거가 있습니다	105
09	구원받은 사람은 믿음으로 살아야 합니다	115
10	구원받은 성도에게는 사명이 있습니다	125

부록1 간증문 작성 요령 및 예시	136
부록2 새가족 양육에 관한 Q&A	141
부록3 새가족 양육일지 샘플	143

이 책에 대해

1. 왜 해야 하는가

1) 교회 안에도 복음이 필요합니다.

복음은 교회 밖에만 필요한 것이 아닙니다. 사실은 교회 안에도 복음을 필요로 하는 사람이 많습니다. 실제로 교회를 다니는 많은 사람이 영적으로 방황하고 있습니다. 하나님의 말씀으로 양육 받을 기회를 얻지 못했기 때문입니다. 이것이 교회가 전도와 함께 양육에 힘써야 할 이유입니다.

2) 양육자가 살아 계신 하나님을 체험하는 길입니다.

안타깝게도 많은 성도가 하나님을 체험하지 못하고 신앙생활을 하는 모습을 봅니다. 그 이유는 교회가 '주님께서 함께하시는 일'을 하지 않고 있기 때문입니다.

예수님은 "내가 세상 끝날까지 너희와 항상 함께 있으리라"고 약속하셨습니다. 이 약속은 모든 성도에게 주어진 것이 아니라, 주의 말씀을 전하고 가르치는 제자들에게 주어진 것입니다. 그러므로 영혼을 구원하기 위해 전도하고 말씀으로 양육하는 사람이 살아 계신 하나님을 체험할 수 있습니다. 하나님은 지금도 전도자와 양육자를 주목하시며 항상 동행하십니다.

3) 전도와 양육은 삶의 현장에서 이루어져야 합니다.

영혼 구원의 역사는 일상에서 이루어져야 합니다. 집이나 직장, 학교에서 전도 대상자를 만났을 때, 바로 그 시간, 그 자리에서 직접 복음을 전해야 합니다.

양육도 마찬가지입니다. 교회에서가 아니라 삶의 현장에서 이루어져야 합니다. 삶의 현장인 집이나 직장, 학교에서 이루어져야 합니다. 이 일에 성도들의 거룩한 참여가 필요합니다.

새신자는 영적으로 어린아이와 같습니다. 그래서 말씀을 가르치는 선생이 필요한 것이 아니라, 말씀으로 잘 양육할 부모가 필요합니다. 그 일을 위해 모든 성도는 반드시 일대일로 말씀을 전하고, 양육을 위한 실제적인 훈련을 받아야 합니다.

4) 예수동행 훈련의 심화 과정입니다.

성숙한 그리스도인은 많이 배운다고 만들어지는 것이 아닙니다. 성도 스스로가 한 영혼을 품고 기도하며, 사랑하고, 양육할 때 만들어집니다. 이것이 《예수님의 사람》 제자훈련을 수료한 성도가 일대일 양육자가 되어야 하는 이유입니다.

일대일 양육과 《예수님의 사람》 제자훈련은 별개의 과정이 아닙니다. 일대일 양육과 제자훈련은 하나의 과정이며 이를 통해서 예수 그리스도께서 말씀하신 재생산 구조가 만들어집니다.

예수동행 훈련 시리즈 커리큘럼: 시리즈 1. 당신은 행복하십니까(새가족 일대일 양육 10주)
시리즈 2. 예수님의 사람 제자훈련(15주)
시리즈 3. 예수동행일기 훈련(8주)

2. 어떻게 해야 하는가

1) 복음 그 자체의 능력을 의지해야 합니다.

전도하고 양육할 때, 가장 중요한 것은 말씀의 능력을 신뢰하는 것입니다. 양육자가 자신의 능력과 경험을 의지하면 실패할 수밖에 없습니다. 말씀은 영혼을 구원하는 역사를 일으킵니다. 성령께서 역사하심을 믿고 복음을 전하고 결과는 성령께 맡기십시오. 그리고 열매 맺게 하실 주님을 믿음으로 기대하면 됩니다.

2) 양육 대상자의 영혼을 사랑해야 합니다.

무엇보다 양육 대상자의 영혼을 사랑하는 마음이 양육의 동기가 되어야 합니다. 전도와 양육은 결코 '능숙한가, 미숙한가'로 기준 삼을 문제가 아닙니다. 오히려 미숙하기 때문에 양육 대상자를 사랑하는 마음으로 더욱 기도하면서 말씀을 준비할 때 성령께서 강하게 역사하십니다.

3) 충분히 기도해야 합니다.

양육은 양육대상자와 만나 첫 모임을 약속하고 첫 메시지를 전하기까지 가장 큰 영적 어려움을 겪게 됩니다. 그래서 양육은 경험에 의존하지 않고 먼저 하나님 앞에 간절히 기도하는 것이 가장 중요합니다.

양육자는 30분 전부터 양육 장소와 시간을 거룩히 구별해야 합니다. 30분 전에 양육 장소에 도착해 모임을 주님께 의탁하며 악한 영으로부터 보호해 줄 것과 복음을 전할 담대한 마음을 주시도록 기도로 준비합니다.

4) 예수님과 동행해야 합니다.

양육 대상자와 만날 때 양육자 혼자 만나는 것이 아니라 예수님과 함께 만나는 것입니다. 양육 시간 내내 예수님을 의식하고, 예수님을 기대하고, 예수님과 함께하는 훈련의 시간이 되도록 노력합니다. 그러면 예수님의 마음으로 양육 대상자를 바라보게 될 것입니다. 양육과정이 예수님과 동행하는 시간임을 꼭 기억합니다.

3. 양육자가 지켜야 할 유의사항

1) 양육자와 양육 대상자는 반드시 동일한 교재를 사용해야 합니다. 양육자가 인도자 지침서를 가지고 양육을 인도하는 것은 금합니다. 양육자는 인도자 지침서 내용을 충분히 예습하고, 필요한 경우 교재에 메모를 해두어 양육 대상자와 나누도록 합니다.

2) 일대일로 진행하고 반드시 1과씩만 진행합니다. 부부인 경우에도 각각의 양육자에게 양육을 받도록 합니다.

3) 양육 장소는 양육 대상자의 집이나 직장 근처에서 하도록 합니다.

4) 양육자는 양육이 모든 것의 가장 우선순위가 되어야 합니다. 다른 일로 인해 양육에 방해가 되지 않도록 주의합니다. 양육을 위해 시간과 물질 등 기꺼이 헌신할 준비가 되어 있어야 합니다.

5) 양육을 하면서 교회가 익숙해지도록 교회에 대해 자세히 안내합니다. 주일에는 가능한 한 함께 예배하고, 담당 목회자와 인사를 나누도록 소개합니다.

6) 양육자는 모범이 되어야 합니다. 삶으로 보여주는 것이 가장 좋은 가르침입니다. 특히 교회와 사회에서 일어나는 문제 등을 주제로 대화할 때에도 밝고 긍정적인 자세를 잃지 않습니다.

7) 양육할 때 좋은 경청의 자세가 필요합니다. 양육과 크게 상관없는 이야기를 하더라도 무시하지 말고 귀 기울여 잘 듣습니다. 또 양육 대상자에게 들은 말은 다른 사람에게 절대 말하지 않습니다. 신뢰를 잃으면 양육을 지속할 수 없습니다.

8) 양육 대상자를 처음 만났을 때 세례 유무를 확인하여, 세례를 받아야 할 분은 교구 목회자에게 알립니다.

9) 양육 대상자가 의도적으로 양육을 피할 때는 먼저 교역자와 상의하고 지속적인 통화나 심방으로 양육이 이어질 수 있도록 노력합니다.

10) 양육 대상자의 경조사를 파악하여 목회자에게 알립니다.

4. 양육 진행 방법

1) 첫 만남 시간에는 새가족과 만나 얼굴과 이름을 익히고, 양육교재를 전달해 예습을 하도록 안내합니다. 필독서 《나는 죽고 예수로 사는 사람》을 소개해 읽도록 합니다.

2) 다음과 같이 양육을 진행할 수 있습니다.
   ① 진행의 〈실제적인 예〉를 인도자 지침서 1, 2과에 가이드 해놓았습니다. 두 과를 가이드에 따라 인도해 보면 3과부터는 가이드 없이 자연스럽게 양육할 수 있을 것입니다.
   ② 박스 안의 내용은 양육지침서에만 수록된 것입니다. 양육을 준비할 때 교재에 미리 메모해 두어 양육 대상자의 이해를 도울 수 있습니다.
   ③ 〈마음 열기〉 시간에는 한주간의 삶을 나누고 양육을 위해 기도합니다.
   ④ 양육을 할 때 양육 대상자가 적극적으로 참여할 수 있도록 하는 것이 중요합니다. 양육자는 질문과 설명이 필요한 부분을, 그것에 대한 대답은 양육 대상자가 읽도록 하여 함께 나누며 양육을 합니다. 가끔 이해가 되는지, 어떤 느낌인지 물어봄으로 양육 대상자가 내용을 잘 이해하고 있는지 파악하는 것이 중요합니다.
   ⑤ 〈마무리〉 시간에는 다음 양육시간과 장소를 함께 정합니다. 그리고 양육 대상자에게 어려움이나 기도제목이 있는지 물어본 후 함께 기도합니다.

3) 7과 양육을 마친 후에는 세례 받는 것과 수료식 준비를 위해 간증문(부록 1)을 준비할 수 있도록 도와줍니다.

4) 주 중에 문자나 전화 심방을 1회 이상 꼭 하도록 합니다.

양육과정 필독서: 《나는 죽고 예수로 사는 사람》(유기성 저)

| 마음열기 | • 잠시 한 주간의 삶을 나눕니다.   • 양육을 위하여 기도합니다.

양육 대상자가 읽도록 합니다. "제목을 읽어주시겠습니까?"

01 _ 1주차

당신은 행복하십니까?

도입 부분을 양육자가 읽습니다.

사람들은 모두 행복한 삶을 원합니다. 그래서 다양한 노력을 합니다. 행복하기 위해 결혼하고, 행복하기 위해 일합니다. 행복하기 위해서 돈을 모으고 여가생활을 즐깁니다. 어떤 사람은 명예를 통해서, 어떤 사람은 쾌락을 통해서 행복을 얻고자 합니다. 그러나 진정으로 행복한 삶을 누리는 사람은 많지 않습니다. 행복을 추구하는데 삶에는 여전히 고통과 불행이 있습니다.

왜 그토록 갈망하는 '행복한 삶'을 사람들은 누리지 못할까요? 그 이유는 하나님을 알지 못하기 때문입니다.

| 핵심 요약 |

1과는 사람들이 겪는 고통과 불행의 원인이 하나님과 끊어진 관계 때문이라는 것을 깨닫게 해주는 것이 중요합니다. 하나님과 끊어진 관계는 오직 예수 그리스도를 영접해야만 회복될 수 있습니다. 우리의 죗값을 대신해 십자가에서 죽으시고 부활하신 예수 그리스도를 영접하는 것이 행복의 첫 단추를 꿰는 일임을 분명히 알려주어야 합니다.

양육 대상자가 읽도록 합니다. "1번을 읽어주실까요?"

1. 하나님은 창조주시며 생명을 주시는 분입니다.

양육자가 내용을 읽습니다.

많은 사람이 하나님이 계시지 않는다는 거짓말에 속고 있습니다. 그러나 하나님은 분명히 살아 계십니다. 하나님은 어떤 분이실까요?

- 하나님은 창조주이십니다.
- 하나님은 우리에게 생명을 주시는 분입니다.
- 하나님은 우리에게 복을 주시는 분입니다.

창세기 1:27-28 하나님이 자기 형상 곧 하나님의 형상대로 사람을 창조하시되 남자와 여자를 창조하시고 하나님이 그들에게 복을 주시며 하나님이 그들에게 이르시되 생육하고 번성하여 땅에 충만하라, 땅을 정복하라, 바다의 물고기와 하늘의 새와 땅에 움직이는 모든 생물을 다스리라 하시니라

욥기 10:12 [주께서]생명과 은혜를 내게 주시고 나를 보살피심으로 내 영을 지키셨나이다

하나님께서는 우리를 만드시고 우리에게 생명과 복을 주셨습니다. 인간은 하나님을 떠나서는 살 수 없는 존재라는 말입니다. 그런데 하나님과의 관계가 끊어지면서 우리의 인생에 고통과 불행이 찾아왔습니다.

그러면 왜 하나님과의 관계가 끊어졌을까요?

양육 대상자가 읽도록 합니다. "2번을 읽어주실까요?"

2. 하나님과의 관계가 끊어진 이유는 우리의 죄 때문입니다.

양육 대상자가 읽도록 합니다. "1)번을 읽어주실까요?"

1) 모든 사람은 죄인입니다.

양육자가 내용을 읽습니다.

세상의 모든 사람이 죄를 짓습니다. 죄를 짓지 않는 사람은 단 한사람도 없습니다.

이사야 59:2 오직 너희 죄악이 너희와 너희 하나님 사이를 갈라 놓았고…

하나님과의 관계가 끊어진 이유는 바로 우리의 죄 때문입니다. 자신을 돌아보십시오. 자신을 정직하게 돌아보면 자신 안에 죄가 있다는 것을 알게 될 것입니다. 죄는 하나님과 우리의 친밀한 관계를 끊어버립니다. 그 이유는 하나님은 기록하신 분이기 때문입니다. 그것은 빛과 어둠이 공존할 수 없는 이치와 같습니다. 하나님은 거룩하셔서 결코 죄인과 함께 계실 수 없습니다.

다음 그림은 죄로 말미암아 하나님과 관계가 끊어진 인간의 상태를 표현합니다.

〈뿌리 뽑힌 나무〉

〈물을 떠난 물고기〉

그렇다면 왜 모든 사람이 죄를 지을까요?

양육 대상자가 읽도록 합니다. "2)번을 읽어주실까요?"
2) 죄의 뿌리가 있기 때문입니다.

양육자가 내용을 읽습니다.

사람들이 죄를 안 지으려고 해도 죄를 짓는 것은 죄의 뿌리가 있기 때문입니다. 죄의 뿌리란 무엇일까요? 하나님을 삶의 주인으로 모시지 않고 자기 자신이 삶의 주인이 되는 것입니다. 하나님을 떠나 자기 마음대로 살기 때문에 사람들이 죄를 짓게 되는 것입니다.

로마서 1:28 또한 그들이 마음에 하나님 두기를 싫어하매 하나님께서 그들을 그
상실한 마음대로 내버려 두사 합당하지 못한 일을 하게 하셨으니

다음 그림을 보십시오.

〈죄의 열매〉
거짓말, 도둑질, 음행, 살인 등

〈죄의 뿌리〉
자신이 삶의 주인이 됨
하나님을 떠남
하나님을 믿지 않음
악한 영(마귀)의 역사

사람들은 거짓말, 도둑질, 살인 등은 죄라고 생각합니다. 사람들이 그런 죄를 짓는 이유는 마음속에 죄의 뿌리가 있기 때문입니다. '나는 내가

하고 싶은 대로 한다.' 이런 태도가 모든 죄의 뿌리라고 성경은 말합니다. 하나님을 삶의 주인으로 모시기를 원치 않는 것이 모든 죄의 뿌리인 것입니다.

    자신이 삶의 주인이 되기를 원합니다. 그것이 사람들이 마음과 행동으로 죄를 짓는 이유입니다.

양육 대상자가 읽도록 합니다. "3)번을 읽어주실까요?"
3) 죄 뒤에 악한 영(마귀)이 있기 때문입니다.

양육자가 내용을 읽습니다.

마귀는 하나님을 떠난 불신자들 안에 역사하면서 죄를 짓게 만듭니다. 자기 뜻대로 살고자 하나님을 떠난 사람은 마귀의 종이 되어 죄를 지으며 살아갑니다.

에베소서 2:? 그 때에 너희는 그 가운데서 행하여 이 세상 **풍조**를 따르고 공중의 권세 잡은 자를 따랐으니 곧 지금 불순종의 아들들 가운데서 역사하는 영이라

    죄에는 강력한 힘이 있습니다. 저항하기 힘든 이상한 힘이 있습니다. 선한 일을 하는 것보다 죄를 짓는 것이 더 쉽게 느껴집니다. 좋은 습관을 갖는 것은 노력이 필요하지만 나쁜 습관을 갖는 것은 노력하지 않아도 됩니다. 왜 이런 현상이 나타날까요? 죄 뒤에서 마귀가 역사하고 있기 때문입니다.

하나님을 떠난 것이 죄의 뿌리요, 그 죄의 뿌리 뒤에는 마귀가 역사하고 있는 것입니다.

<small>양육 대상자가 읽도록 합니다. "3번을 읽어주실까요?"</small>

3. 하나님과 관계가 끊어진 결과, 삶에 많은 문제가 생겼습니다.

<small>양육 대상자가 읽도록 합니다. "1)번을 읽어주실까요?"</small>

1) 죄의 결과로 죽음이 주어졌습니다.

<small>양육자가 내용을 읽습니다.</small>

로마서 6:23 죄의 삯은 사망이요 하나님의 은사는 그리스도 예수 우리 주 안에 있는 영생이니라

죄의 삯, 곧 죄의 대가는 죽음입니다. 죽음에 대해 생각해본 적이 있습니까? 죽음에는 우리의 호흡이 끊어지는 육체적인 죽음뿐만 아니라 죄의 대가로 주어지는 영원한 죽음이 있다고 성경은 말합니다.

요한계시록 20:14 사망과 음부도 불못에 던져지니 이것은 둘째 사망 곧 불못이라

죽으면 그것으로 끝이라고 생각하는 사람이 있습니다. 그래서 삶에 절망을 느낀 많은 사람이 스스로 목숨을 끊습니다.

죽은 이후에 또 다른 죽음이 기다리고 있습니다. 바로 영원한 지옥입니다. 죽은 이후에 지옥에 가서 영원히 고통당하게 되는 것입니다.

<small>양육 대상자가 읽도록 합니다. "2)번을 읽어주실까요?"</small>

2) 복된 삶을 살지 못하고 고통과 불행을 겪습니다.

<small>양육자가 내용을 읽습니다.</small>

복의 근원이신 하나님을 떠난 사람들은 끊임없이 가정 문제, 질병 문

제, 재정 문제, 정신적인 문제 등으로 고통 속에서 살게 되었습니다.

야고보서 1:17 온갖 좋은 은사와 온전한 선물이 다 위로부터 빛들의 아버지께로부터 내려오나니 …

하나님은 우리에게 생명을 주시고 복을 주시는 분입니다. 모든 좋은 것이 다 하나님께로 옵니다. 그러나 하나님과의 관계가 끊어지는 순간, 더는 복을 받을 수 없습니다.

사람들이 끊임없이 행복을 추구하면서도 삶이 불행하고 고통스럽다고 느끼는 것은 다 그 이유 때문입니다.

양육 대상자가 읽도록 합니다. "3)번을 읽어주실까요?"
3) 참된 만족과 참된 평안을 누리지 못합니다.

양육자가 내용을 읽습니다.
사람들은 아무리 많은 것을 소유해도 만족하지 못합니다. 세상의 어떤 것도 하나님의 빈자리를 대신할 수 없기 때문입니다.

잠언 27:20 스올과 아바돈은 만족함이 없고 사람의 눈도 만족함이 없느니라

하나님을 떠나 모든 것을 스스로 책임져야 하는 인간의 마음속에는 두려움과 염려, 근심 걱정이 끊이지 않습니다. 인간의 또 다른 이름은 '수고하고 무거운 짐 진 자'입니다.

마태복음 11:28 수고하고 무거운 짐 진 자들아 다 내게로 오라 내가 너희를 쉬게 하리라

많은 것을 소유하고 누리지만 우리의 마음은 언제나 '부족하다'고 느낍니다. 돈, 명예, 권력, 쾌락은 결코 우리에게 진정한 만족을 줄 수 없습니다. 무엇 때문일까요? 하나님과의 관계가 끊어졌기 때문입니다.

하나님과의 관계가 끊어진 이후, 인간은 스스로 삶을 책임져야 하는 입장이 되었습니다. 인생의 모든 무거운 짐을 스스로 짊어지게 된 것입니다. 그래서 인간의 마음속에는 두려움과 염려, 근심과 걱정이 끊이지 않는 것입니다. 그것이 사람들 마음속에 평안함이 없는 이유입니다.

이 죄의 문제를 어떻게 해결할 수 있을까요?

양육 대상자가 읽도록 합니다. "4번을 읽어주실까요?"

4. 하나님과 끊어진 관계를 회복하는 것이 구원입니다.

양육자가 내용을 읽습니다.

하나님과의 관계가 회복되려면 죄의 문제가 해결되어야 합니다. 죄의 문제가 해결되어 하나님과 관계를 회복하는 것을 '**구원**'이라고 부릅니다.

죄는 생명과 복의 근원이신 하나님과의 관계를 끊어놓았습니다. 그 결과 행복을 원하는 우리에게 불행과 고통이 찾아왔습니다. 그러므로 하나님과의 관계가 회복되려면 반드시 죄의 문제가 해결되어야 합니다. 죄의 문제가 해결되는 것은 질병 문제, 재정 문제, 가정 문제, 정신적인 문제가 해결되는 것보다 중요합니다. 죄는 모든 문제의 원인이기 때문입니다.

죄의 문제가 해결되어야 우리는 비로소 하나님 안에서 행복한 삶을 되찾을 수 있습니다.

그렇다면 어떻게 하나님과의 관계를 회복할 수 있을까요?

양육 대상자가 읽도록 합니다. "1)번을 읽어주실까요?"

1) 예수 그리스도는 하나님과의 관계를 회복하는 유일한 길입니다.

양육자가 내용을 읽습니다.

하나님께서 우리 죄의 문제를 해결하시고 구원하시기 위해서 자신의 아들을 이 땅에 보내주셨습니다. 우리가 구원을 얻을 수 있는 길은 예수님 밖에 없습니다.

요한복음 3:16 하나님이 세상을 이처럼 사랑하사 독생자를 주셨으니 이는 그를 믿는 자마다 멸망하지 않고 영생을 얻게 하려 하심이라

놀라운 사실은 우리가 죄인임에도 불구하고 하나님께서 우리를 사랑하신다는 것입니다.

요한복음 14:6 예수께서 이르시되 내가 곧 길이요 진리요 생명이니 나로 말미암지 않고는 아버지께로 올 자가 없느니라

"내가 곧 길이요"라는 말씀과 "나로 말미암지 않고는 아버지께로 올 자가 없느니라"라는 말씀에 밑줄을 그으십시오.

예수님은 우리가 생명과 복의 근원이신 하나님과의 관계를 회복시킬 수 있는 유일한 길입니다. 우리가 구원을 얻을 수 있는 다른 길은 '결코' 존재하지 않습니다.

양육 대상자가 읽도록 합니다. "2)번을 읽어주실까요?"

2) 예수 그리스도께서는 십자가의 죽음과 부활을 통해 우리의 모든 죄를 해결하셨습니다.

양육자가 내용을 읽습니다.

첫째, 우리 죄를 위하여 십자가에 달려 죽으셨습니다.

죄의 결과는 죽음입니다. 예수님께서 우리가 치러야 할 죄의 대가를 대신 지불하시고 죽으셨습니다. 우리의 힘으로는 도저히 해결할 수 없는 죄의 문제를 예수님께서 죽음으로 완전히 해결해주신 것입니다.

갈라디아서 1:4 그리스도께서 하나님 곧 우리 아버지의 뜻을 따라 이 악한 세대에서 우리를 건지시려고 우리 죄를 대속하기 위하여 자기 몸을 주셨으니

하나님께서는 아들 예수 그리스도를 이 땅에 보내시고 십자가에 달려 죽게 하셨습니다. 무엇 때문입니까? 바로 '나'의 죄 때문입니다. 내가 치러야 할 '죗값' 때문입니다. 하나님께서 내가 치러야 할 죗값을 예수님에게 담당시키시고 십자가에 달려 죽게 하신 것입니다.

둘째, 우리를 살리시기 위하여 부활하셨습니다.

예수님께서는 십자가에 달려 죽으셨을 뿐만 아니라 사흘 만에 다시 살아나셨습니다. 부활은 예수님께서 정말 하나님의 아들이시고 우리를 구원하시는 구원자이심을 증명하는 사건입니다.

고린도전서 15:3-4 …그리스도께서 우리 죄를 위하여 죽으시고 장사 지낸 바 되셨다가 성경대로 사흘 만에 다시 살아나사

성경은 실제로 많은 사람이 예수님의 부활을 목격했음을 기록하고 있습니다. 예수님의 제자들이 죽음을 두려워하지 않고 복음을 전할 수 있었던 것은 예수님의 부활을 직접 목격했기 때문입니다. '부활'은 예수님께서 정말 하나님의 아들이시고 우리를 구원하시는 구원자이심을 증명한 사건입니다.

양육 대상자가 읽도록 합니다. "3)번을 읽어주실까요?"
3) 예수 그리스도를 영접하면 구원을 얻을 수 있습니다.

양육자가 내용을 읽습니다.
예수 그리스도를 영접하면, 죄 사함을 받고 하나님과의 관계가 회복되어 하나님의 자녀가 되는 놀라운 복을 받게 됩니다.

요한복음 1:12 영접하는 자 곧 그 이름을 믿는 자들에게는 하나님의 자녀가 되는 권세를 주셨으니

다음과 같은 방법으로 예수님을 영접할 수 있습니다.

첫째, 죄인임을 인정하십시오.
자신에게 구원자가 필요함을 인정해야 합니다. 당신은 자신이 죄인이라는 사실을 인정합니까?

질병에 걸린 사람이 의사로부터 치료를 받으려면 자신이 환자라는 사실을 인정해야 합니다. 마찬가지로 죄의 문제를 해결해주시는 예수 그리스도를 영접하려면 자신이 죄인임을 인정해야 합니다.

둘째, 예수 그리스도를 믿으십시오.

예수 그리스도께서 당신의 모든 죄를 담당하시고 십자가에 달려 죽으시고 부활하셨다는 사실을 마음으로 믿는다면 당신은 지금 구원이라는 선물을 받을 수 있습니다.

당신이 죄인이라는 사실을 인정하셨습니까? 잘하셨습니다. 그렇다면 이제 예수 그리스도께서 당신의 구원자이심을 믿어야 합니다. 하나님의 아들이신 예수 그리스도께서 당신의 모든 죄를 담당하시고 십자가에 달려 죽으시고 부활하셨다는 사실을 믿는 것입니다.

이 사실을 마음으로 믿는다면 당신은 지금 '구원'이라는 선물을 받을 수 있습니다.

양육 대상자가 예수님을 구원자로 믿게 되었다면 새가족 교재 25쪽의 영접기도를 따라하게 하십시오.

| TIP | 예수님을 구원자로 믿게 되었는지 다시 확인합니다. 아직 준비가 안 되었다면 일주일 동안 깊이 생각할 수 있도록 시간을 주고 두 번째 양육을 시작하면서 다시 물어보는 것이 좋습니다. 양육자가 어떻게 하나님을 만나고 믿음을 가지게 되었는지 자신의 간증과 경험을 나누는 것도 좋습니다.

| 기도제목 |

| 마무리 |
- 양육 대상자에게 어려움이나 기도제목이 있는지 물어본 후 함께 기도합니다.
- 다음 양육시간과 장소를 정합니다.

| 1주차 양육자 점검리스트 |

☐ 새가족 이름 숙지   ☐ 세례 유무 확인
☐ 양육일지 기록   ☐ 주 중에 문자나 전화로 꼭 심방하기

| 마음열기 |　•잠시 한 주간의 삶을 나눕니다.　　•양육을 위하여 기도합니다.

양육 대상자가 읽도록 합니다. "제목을 읽어주시겠습니까?"

02 _ 2주차

구원받으면 어떤 복을 받을까요?

도입 부분을 양육자가 읽습니다.

예수 그리스도를 믿고 영접한다는 것은 정말 놀라운 일입니다. 우리가 예수님을 믿게 된 것은 우리를 향한 하나님의 특별한 계획이 있었기 때문입니다. 그리고 우리가 예수님을 믿으면 상상하기 어려운 복을 받게 됩니다. 그중에서도 가상 큰 복은 죄인이었던 우리가 하나님의 자녀가 된다는 것입니다. 그러면 우리가 예수님을 믿을 때 어떤 일이 일어날까요? 예수님을 믿으면 어떤 복을 받게 될까요?

| 핵심 요약 |

2과의 핵심은 '예수님을 영접한 사람이 어떤 복을 누리게 되는가' 하는 것입니다. 예수님을 영접해도 외적으로는 달라진 것이 전혀 없는 것처럼 보일 수 있습니다. 그러나 영적으로는 완전히 새사람이 되었음을 깨닫도록 해주어야 합니다. 예수님을 영접한 사람은 사망에서 생명으로 옮겨졌고 하나님의 자녀라는 놀라운 권세를 가지게 됩니다.

> 양육 대상자가 읽도록 합니다. "1번을 읽어주실까요?"

1. 예수님을 믿으면 성령[1](Holy Spirit)을 선물로 받습니다.

> 양육자가 내용을 읽습니다.

우리가 예수님을 영접[2]하는 순간 성령께서 우리 안에 찾아오셔서 내주(內住)[3]하시게 됩니다.

> **사도행전 2:38** … 너희가 회개하여 각각 예수 그리스도의 이름으로 세례를 받고 죄 사함을 받으라 그리하면 성령의 선물을 받으리니

우리가 마음으로 예수님을 믿고 영접하면 성령을 선물로 받습니다. 예수님을 영접하는 순간 성령께서 찾아오셔서 우리 안에 거하십니다. 성령은 예수 그리스도를 영접한 모든 사람 안에 오셔서 함께하십니다.

우리 안에 오셔서 함께하시는 성령은 어떤 분이실까요?

> 양육 대상자가 읽도록 합니다. "1)번을 읽어주실까요?"

1) 성령은 우리 안에 영으로 오신 예수님입니다.

> 양육자가 내용을 읽습니다.

우리 안에 오신 성령은 '그리스도의 영' 또는 '예수의 영'(사도행전 16:7)이라고 불립니다. 부활하시고 승천하신 예수님께서 영으로 우리 안에 다시 찾아오셨습니다.

---

1 성령(Holy Spirit) 성령 하나님으로 성부 하나님, 성자 하나님(예수님)과 함께 삼위의 한 하나님.
2 영접 손님을 맞아서 대접함, 예수 그리스도를 구주로 믿고 따르기로 결단한 것을 말함.
3 내주 와서 머무르다, 내 안에 거하고 계심을 말함.

로마서 8:9-10 …누구든지 그리스도의 영이 없으면 그리스도의 사람이 아니라 또 그리스도께서 너희 안에 계시면 몸은 죄로 말미암아 죽은 것이나 영은 의로 말미암아 살아 있는 것이니라

예수님께서는 우리 죄를 대속하기 위하여 십자가에 달려 죽으시고 사흘 만에 부활하셨습니다. 그리고 승천하셔서 하나님의 보좌 우편에 앉아 계십니다. 하지만 그것으로 끝난 것이 아닙니다. 우리 안에 영으로 오신 예수님, 그분이 바로 성령이십니다.

예수님께서 육체를 가지고 계셨을 때는 모든 사람과 함께 계실 수 없었습니다. 항상 함께하실 수도 없었습니다. 그러나 이제는 성령을 통하여 자신을 믿는 모든 사람과 언제 어디서나 함께 계실 수 있게 되었습니다. 그것이 오늘날 예수님께서 우리와 함께하시는 방식입니다.

예수 그리스도를 구원자로 믿고 따르기로 결심하면 당신 안에 예수님께서 성령으로 와 계십니다. 예수님께서 언제 어디서나 당신과 함께하십니다.

양육 대상자가 읽도록 합니다. "2)번을 읽어주실까요?"
2) 성령은 우리를 거듭나게 하십니다.

양육자가 내용을 읽습니다.

성령은 예수 그리스도의 보혈로 우리의 죄를 씻으시고 영적으로 새로 태어나게 하시는 분입니다.

요한복음 3:5 예수께서 대답하시되 진실로 진실로 네게 이르노니 사람이 물과 성령으로 나지 아니하면 하나님의 나라에 들어갈 수 없느니라

1과에서 배웠던 '영적인 죽음'을 기억합니까? 우리의 영혼은 죄로 말미암아 죽어있었습니다. 하나님을 알지 못하고 경험하지 못하는 이유가 영혼이 죽어있기 때문이라고 했습니다. 그러나 성령께서는 우리 안에 오셔서 우리를 거듭나게 하십니다. 예수 그리스도의 보혈로 우리의 죄를 씻으시고 영적으로 새로 태어나게 하시는 것입니다.

영적으로 새로 태어난 사람은 하나님이 믿어지기 시작하고 하나님의 사랑이 믿어지기 시작합니다. 그리고 미약하나마 마음속에 하나님에 대한 사랑이 일어나기 시작합니다. 하나님에 대하여 살아 있는 영혼이 되었기 때문입니다. 예배와 같은 영적인 활동에서 감동이 느껴지고 때로 눈물이 나고 말씀이 깨달아지는 것은 우리의 영혼이 살아 있다는 증거 중의 하나입니다.

양육 대상자가 읽도록 합니다. "2번을 읽어주실까요?"

2. 예수님을 믿으면 영원한 생명을 얻습니다.

양육자가 내용을 읽습니다.

예수 그리스도를 마음으로 믿고 마음에 모신 사람은 그 즉시 영원한 생명(영생[4])을 얻게 됩니다. 하나님께서 주시는 생명으로 영원히 사는 것입니다. 더 이상 죽음을 두려워할 필요가 없습니다.

> **요한복음 5:24** 내가 진실로 진실로 너희에게 이르노니 내 말을 듣고 또 나 보내신 이를 믿는 자는 영생을 얻었고 심판에 이르지 아니하나니 사망에서 생명으로 옮겼느니라

---

[4] **영생** 영원한 생명, 예수를 믿고 하나님의 거룩한 뜻을 알아 그 가르침을 행하여 천국에서 영원히 사는 삶.

영원한 생명(영생)이란 무엇일까요?

많은 사람이 불로장생(不老長生)을 꿈꿉니다. 그러나 영원한 생명(영생)이란 단순히 죽지 않고 영원히 사는 것을 의미하지 않습니다. 그것은 죄로 인해 끊어졌던 하나님과의 관계가 회복되는 것을 말합니다. 생명의 주인이시고, 복의 근원이신 하나님과의 친밀한 교제가 이루어지는 것을 말합니다. 그리하여 하나님께서 주시는 생명과 은혜와 사랑 속에서 영원히 사는 것이 바로 영원한 생명의 삶입니다.

다음 그림을 보십시오.

〈뿌리박힌 나무〉

〈물속의 물고기〉

이 그림에서 당신은 무엇을 느낍니까? 생명력, 풍성함, 안정감, 자유로움을 느낍니까? 바로 이것이 예수 그리스도 안에서 영생을 얻은 사람의 영적인 상태입니다.

예수님을 영접하면 당신의 삶에도 이와 같은 변화가 실제로 일어날 것을 기대해도 좋습니다. 생명력과 풍성함, 안정감, 자유로움이 당신의 영혼뿐만 아니라 당신의 삶의 현장에서도 나타날 것이기 때문입니다.

그렇다면 이 영원한 생명을 빼앗길 수도 있을까요?

영생을 잃어버릴까봐 불안해하는 사람들이 있습니다. 그러나 염려하지 마십시오. 다시는 영생을 잃어버리지 않을 것입니다. 우리에게 영생을 주시는 예수님께서 우리 안에 오셔서 영원히 떠나지 않겠다고 약속하셨기 때문입니다(히브리서 13:5).

> **요한복음 10:28** 내가 그들에게 영생을 주노니 영원히 멸망하지 아니할 것이요 또 그들을 내 손에서 빼앗을 자가 없느니라

어떤 사람은 자신이 받은 구원을 잃어버릴까봐 불안해합니다. 그러나 염려하지 마십시오.. 다시는 영생을 잃어버리지 않을 것입니다. 그 누구도 심지어는 공중권세를 잡은 마귀도 영원한 생명을 주시는 예수님의 손에서 우리를 빼앗을 수 없기 때문입니다.

이 뿐만 아니라 우리에게 영원한 생명을 주시는 예수님께서 우리 안에 오셔서 영원히 떠나지 않겠다고 약속하셨습니다(히브리서 13:5). 하나님께서 영원히 떠나지 않으신다는 것은 우리가 영생을 잃어버리지 않는다는 뜻입니다.

양육 대상자가 읽도록 합니다. "3번을 읽어주실까요?"
3. 예수님을 믿으면 하나님의 자녀가 됩니다.
양육자가 내용을 읽습니다.
예수님을 영접한 사람에게는 하나님의 자녀가 되는 권세가 주어집니다.

요한복음 1:12 영접하는 자 곧 그 이름을 믿는 자들에게는 하나님의 자녀가 되는 권세를 주셨으니

예수 그리스도를 믿고 영접하면 우리는 하나님과 새로운 관계를 맺게 됩니다. 예수님을 영접한 사람에게는 하나님의 자녀가 되는 권세가 주어집니다. 창조주 하나님을 아버지라 부를 수 있는 특권을 가지게 되는 것입니다.

'아버지와 자녀'는 사랑으로 맺어진 관계입니다. 이 특별한 관계를 맺기 위하여 하나님 아버지께서는 아들을 십자가에 내어주셨습니다. 예수님의 십자가는 우리에 대한 하나님의 사랑을 확증하는 사건입니다(로마서 5:8).

그러면 하나님의 자녀가 누리는 권세와 복은 무엇일까요?

양육 대상자가 읽도록 합니다. "1)번을 읽어주실까요?"
1) 하나님의 자녀는 하나님의 돌보심을 받습니다.

양육자가 내용을 읽습니다.
하나님 아버지께서는 우리의 인생 전체를 책임져주십니다. 더 이상 걱정 근심에 짓눌려 살 필요가 없습니다.

베드로전서 5:7 너희 염려를 다 주께 맡기라 이는 그가 너희를 돌보심이라

사람들의 마음에 안식이 없고 염려와 두려움이 가득한 이유가 무엇입니까? 그것은 자신의 인생을 스스로 책임져야 하기 때문입니다.

그러나 하나님의 자녀가 되면 하나님께서 우리를 친히 돌봐주십니다. 하나님께서는 먹고사는 문제를 비롯하여 우리의 인생 전체를 책임져주십니다. 우리는 인생의 무거운 짐을 하나님께 내려놓을 수 있습니다. 예수님을 믿을 때 우리 마음이 쉼을 얻고 평안을 얻을 수 있는 이유입니다(마태복음 11:28).

삶의 염려와 두려움이 생기거든 앞으로는 "하나님께 맡깁니다."라고 기도하십시오.

양육 대상자가 읽도록 합니다. "2)번을 읽어주실까요?"
2) 하나님의 자녀는 성령의 인도하심을 받습니다.

양육자가 내용을 읽습니다.

우리 안에 찾아오신 성령께서는 우리가 하나님의 뜻대로 살 수 있도록 인도해주십니다.

로마서 8:14 무릇 하나님의 영으로 인도함을 받는 사람은 곧 하나님의 아들이라

이미 배운 것처럼 예수님을 영접하면 성령을 선물로 받습니다. 우리 안에 찾아오신 성령께서는 우리 안에 계시면서 우리의 삶을 인도합니다. 우리의 삶에 성령이라는 위대한 안내자이자 교사가 생기는 것입니다.

성령께서는 우리가 하나님의 뜻대로 살 수 있도록 인도하십니다. 하나님의 뜻을 깨닫게 해주시고, 우리 마음에 하나님의 뜻대로 살고자 하는 감동을 줍니다. 우리가 하나님의 뜻대로 살지 못할 때는 책망으로 그 길에서 돌이키게 합니다. 성령의 인도하심에 순종할 때 우리의 삶에는 성령의 열매가 맺히게 됩니다.

양육 대상자가 읽도록 합니다. "3)번을 읽어주실까요?"
3) 하나님의 자녀는 기도의 응답을 받습니다.

양육자가 내용을 읽습니다.

자녀는 아버지에게 자신이 필요한 것을 요청할 권리가 있습니다. 하나님의 자녀 된 우리도 하나님께 기도할 수 있고 아버지 되시는 하나님께서는 좋은 것으로 우리에게 주십니다.

마태복음 7:11 너희가 악한 자라도 좋은 것으로 자식에게 줄 줄 알거든 하물며 하늘에 계신 너희 아버지께서 구하는 자에게 좋은 것으로 주시지 않겠느냐

육신의 부모도 필요한 것을 구하는 자녀에게 좋은 것을 줍니다. 아버지 하나님께서도 자녀 된 우리에게 우리가 생각하는 것보다 더 좋은 것을 주십니다.

우리는 아주 사소한 문제에 대해서도 하나님께 기도할 수 있습니다. 우리를 사랑하시는 아버지께서 아주 사소한 문제까지도 관심을 가지시기 때문입니다. 또 우리가 도저히 해결할 수 없는 문제에 대해서도 기도할 수 있습니다. 우리의 하나님 아버지께서는 전능한 분이시기 때문입니다.

이제부터 당신에게는 하나님을 아버지라고 부르며 기도할 수 있는 자녀의 특권이 있음을 기억하십시오. 그리고 그 특권을 기쁘게 사용하십시오.

양육 대상자가 읽도록 합니다. "4)번을 읽어주실까요?"
4) 하나님의 자녀는 악한 영(마귀)을 이길 수 있는 영적 권세가 있습니다.

양육자가 내용을 읽습니다.

예수님을 믿는 사람은 사주팔자, 손 없는 날, 징크스 같은 것들에 얽매

여 살 필요가 없습니다. 마귀를 두려워할 필요가 없습니다. 예수의 이름으로 대적하면 되기 때문입니다.

> **누가복음 10:19** 내가 너희에게 뱀과 전갈을 밟으며 원수의 모든 능력을 제어할 권능을 주었으니 너희를 해칠 자가 결코 없으리라

예수님을 믿지 않을 때는 악한 영(마귀)이 우리를 지배했습니다. 악한 영은 우리를 지배하며 죄를 짓도록 만들었습니다. 그러나 예수님을 믿는 사람에게는 죄의 유혹을 이길 수 있는 권세가 있습니다. 우리는 악한 영의 권세에서 벗어나 하나님의 자녀가 되었기 때문입니다.

하나님의 자녀에게는 예수의 이름으로 악한 영을 물리칠 수 있는 권세가 있습니다.

양육 대상자가 읽도록 합니다. "4번을 읽어주실까요?"
4. 예수님을 믿으면 천국의 시민권을 갖게 됩니다.
양육자가 내용을 읽습니다.

천국[5]은 어떤 곳일까요?

천국에 없는 것이 있습니다. 천국에는 죄악이 없습니다. 천국에는 슬픔과 눈물이 없습니다. 천국에는 고통과 가난, 질병과 죽음도 없습니다.

대신 천국에는 이 세상에 없는 것이 있습니다. 천국에는 완전한 기쁨과

---

[5] **천국** 하늘나라, 하늘의 왕국. 이는 하나님께서 다스리시는 하나님의 나라를 가리키는데 마태복음에서만 고유하게 사용되고 있는 명칭이다. 천국은 특정한 영토를 가리킬 뿐 아니라 하나님의 주권적 통치가 미치는 모든 영역을 가리킨다.

평화가 있습니다. 천국에는 완전한 사랑이 있습니다. 천국에는 말할 수 없는 부요함이 있습니다.

예수님을 영접하면 이와 같은 천국을 소유한 사람이 됩니다. 예수님을 영접하셨다면 당신은 이미 천국을 소유한 사람입니다.

> **빌립보서 3:20** 우리의 시민권은 하늘에 있는지라 거기로부터 구원하는 자 곧 주 예수 그리스도를 기다리노니

우리가 죄인이었을 때 우리에게 예비 된 것은 영원한 지옥[6]뿐이었습니다. 그러나 예수님을 믿을 때 우리는 천국의 시민이 됩니다. 이 땅에서 살지만 천국을 소유한 자가 된다는 것입니다.

천국은 어떤 곳일까요? 천국은 하나님께서 다스리시는 나라입니다. 천국은 영광의 하나님을 볼 수 있는 나라이고, 하나님과 영원히 함께할 수 있는 나라입니다.

하나님의 자녀들이 죽음도 두려워하지 않을 수 있는 이유가 무엇입니까? 온갖 핍박에도 굴하지 않을 수 있는 이유가 무엇입니까? 죽음 이후에 천국이 예비 되어 있기 때문입니다. 천국에서 누릴 영원한 기쁨과 행복, 상급이 있기 때문입니다.

예수님을 영접할 때 당신에게 천국이 예비 되어 있습니다. 그리고 보이지 않는 천국을 소망하며 살게 됩니다. 이 사실은 당신의 삶을 더 가치 있고, 생명력 있게 만들어줄 것입니다.

지난주부터 우리는 구원이 필요한 이유와 구원을 받는 방법 그리고 구

---

6 지옥 회개하지 않은 죄인이 세상 마지막 날 최후 심판 때 가는 형벌과 고난의 장소.

원받은 사람이 누리는 복에 대해 나누고 있습니다.

이제 예수 그리스도를 구원자로 믿고 그분을 당신의 마음 중심에 영접하기를 원하신다면, 영접기도를 따라 하십시오.

> 사랑의 하나님, 저는 이제까지 하나님을 떠나 살았습니다. 제가 죄인임을 인정합니다. 오늘 예수님을 나의 구원자로 믿고 하나님의 자녀가 되기를 원합니다. 나의 죄를 대신하여 십자가에서 죽으시고 부활하신 예수님을 지금 나의 구원자, 나의 하나님으로 영접합니다. 지금 내 마음 속으로 들어오셔서 제 삶의 주인이 되어주시기를 원합니다. 주님께서 영원토록 제 마음에 들어와 계실 것을 믿습니다. 나의 죄를 용서하시고, 하나님의 자녀로 삼아주시니 감사합니다. 이제부터 하나님의 뜻에 순종하며 살게 도와주십시오. 예수님의 이름으로 기도합니다. 아멘.

영접기도를 했을 때 당신의 마음에 어떤 변화가 있었습니까?

영접기도를 따라 했으나 마음에 아무런 느낌이 없을 수도 있습니다. 그러나 진실한 마음과 구원 얻기를 원하는 마음으로 영접기도를 했다면 다음의 세 가지 사실을 꼭 기억하십시오.

첫째, 예수님께서 당신 안에 계십니다(골로새서 1:27).
둘째, 당신의 모든 죄를 용서받았습니다(에베소서 1:7).
셋째, 당신은 이제 구원받은 하나님의 자녀입니다(요한복음 1:12).

요한일서 5:11-13 또 증거는 이것이니 하나님이 우리에게 영생을 주신 것과

이 생명이 그의 아들 안에 있는 그것이니라 아들이 있는 자에게는 생명이 있고 하나님의 아들이 없는 자에게는 생명이 없느니라 내가 하나님의 아들의 이름을 믿는 너희에게 이것을 쓰는 것은 너희로 하여금 너희에게 영생이 있음을 알게 하려 함이라

| TIP | 양육 대상자가 영접기도를 따라 했다면 축복하며 기도해주십시오.
"하나님, ○○○님께서 예수님을 구주로 영접했습니다. 이제부터 ○○○님을 하나님 나라에 이르기까지 인도해주십시오. 주님 안에서 복된 삶을 살게 해주십시오. 예수님의 이름으로 기도합니다. 아멘."
만약 예수님을 영접하지 않는 사람이 있다면 교회에 알려서 특별한 관심을 갖고 돌볼 수 있도록 하십시오.

| 기도제목 |

| 마무리 |
- 양육 대상자에게 어려움이나 기도제목이 있는지 물어본 후 함께 기도합니다.
- 다음 양육시간과 장소를 정합니다.

| 2주차 양육자 점검리스트 |

☐ 새가족 이름 숙지 　　　　　　　☐ 양육일지 기록
☐ 주 중에 문자나 전화로 심방하기

03 _ 3주차
예수님을 믿고 죄를 지으면 어떻게 될까요?

　　예수님을 믿고 구원을 받은 후에도 죄를 지을 수 있습니다. 믿는 사람이 짓는 죄도 심각한 문제를 일으킵니다. 그러나 예수님을 믿기 전과는 전혀 다른 결과를 낳습니다. 하나님께서는 예수님을 믿고 난 후에 짓는 죄에 대해 그것을 해결하는 방법을 알려 주셨습니다. 그러나 많은 사람이 이 원리를 모르기 때문에 구원받은 사람이 받는 복을 누리지 못하고 있습니다.
　　예수님을 믿는 사람이 죄를 지으면 어떻게 될까요?

| 핵심 요약 |

3과에서는 구원받은 그리스도인이 짓는 죄의 문제를 다룹니다. 그리스도인도 죄를 짓습니다. 그러나 죄의 결과는 정죄가 아니라 징계입니다. 징계와 정죄의 차이는 천국과 지옥의 차이입니다. 계속해서 죄를 짓는 것은 우리를 구원하신 하나님의 뜻이 아닙니다. 회개를 통해 죄를 이길 수 있음을 강조하되, 회개가 만능(萬能)-'죄 짓고 회개하면 되지'-이라는 인상을 주지 않도록 합니다.

1. 그리스도 안에 있는 사람에게는 결코 정죄[7]함이 없습니다.

로마서 8:1-2 그러므로 이제 그리스도 예수 안에 있는 자에게는 결코 정죄함이 없나니 이는 그리스도 예수 안에 있는 생명의 성령의 법이 죄와 사망의 법에서 너를 해방하였음이라

1) 십자가는 우리를 모든 죄에서 완벽하게 구원하는 능력이기 때문입니다.

모든 죄라 함은 그야말로 '모든 죄'를 의미합니다. 그리스도의 십자가는 우리의 모든 죄를 완벽하게 해결하는 능력입니다.

'정죄함이 없다'는 것은 죄를 지어도 하나님께서 우리를 죄인으로 여기지 않으신다는 뜻입니다. 다르게 말하면 죄를 지어도 예수 그리스도 안에서 이미 얻은 구원과 영생의 복을 잃어버리지 않는다는 것입니다.

실제로 죄를 짓는데도 왜 하나님께서 우리를 죄인으로 여기지 않으실까요? 이미 예수님께서 우리의 '모든 죄'를 대신해서 십자가에 달려 죽으셨기 때문입니다. 과거의 죄는 물론이고, 현재와 미래의 모든 죄까지도 십자가에서 이미 처리되었다는 것입니다. 그러므로 죄를 지어도 정죄 받지 않는 것입니다.

---

7 정죄(Condemnation) 죄가 있는 것으로 판정하는 것을 말합니다. 죄가 있는 것으로 판정을 받으면 죄에 대한 대가를 치러야 하는데, 죄의 결과는 심판과 죽음입니다.

2) 죄를 지어도 우리는 여전히 하나님의 자녀이기 때문입니다.

우리가 하나님의 자녀가 되었다는 것은, 그 무엇도 하나님과 우리와의 관계를 끊어놓을 수 없다는 말과 같습니다.

> 로마서 8:15 너희는 다시 무서워하는 종의 영을 받지 아니하고 양자의 영을 받았으므로 우리가 아빠 아버지라고 부르짖느니라

우리는 예수님의 십자가로 말미암아 끊어졌던 하나님과의 관계가 회복되고 하나님의 자녀가 되었습니다.

부모와 자식 간의 관계를 생각해보십시오. 자녀가 죄를 지으면 부모와 관계가 끊어질까요? 피는 물보다 진하다는 말이 있는 것처럼, 죄로 인하여 관계가 멀어질 수는 있으나 그 관계가 끊어지는 법은 없습니다. 마찬가지로 예수님의 보혈로 맺어진 하나님과 우리의 관계는 영원히 끊어지지 않습니다.

예수님을 믿는 사람에게 결코 정죄함이 없다고 해서 계속 죄를 지어도 될까요? 절대 그렇지 않습니다. 계속해서 죄를 짓는 것은 우리를 구원하신 하나님의 뜻이 아닙니다. 그리스도인이 짓는 죄도 심각한 문제를 일으킵니다.

2. 그리스도인이 죄를 지으면 책망과 징계[8]를 받습니다.

1) 우리 안에 계신 성령께서 근심하십니다.

우리가 죄를 지을 때 성령께서 근심하시며 그 근심을 우리에게 깨닫게 하십니다. 죄를 지을 때 괴로움을 느끼거나 후회하는 마음이 생기는 것은 성령께서 근심하시기 때문입니다.

> **에베소서 4:30** 하나님의 성령을 근심하게 하지 말라 그 안에서 너희가 구원의 날까지 인치심을 받았느니라

'근심하게 한다.'는 것은 우리가 죄를 지을 때 우리 안에 계신 성령께서 슬퍼하시고, 마음 아파하신다는 것을 의미합니다. 죄를 지어도 우리는 여전히 하나님의 자녀입니다. 그러나 죄를 지을 때 우리는 하나님의 마음을 아프게 하는 자녀가 됩니다.

우리가 죄를 지을 때 성령께서는 근심하시며 그 근심을 우리에게 깨닫게 하십니다. 죄를 지을 때 괴로움을 느끼거나 후회하는 마음이 생기는 것은 성령께서 근심하시기 때문입니다. 마음의 고통은 우리 안에서 근심하시는 성령의 책망입니다.

---

[8] 징계(Discipline) 허물을 뉘우치도록 주의를 주거나 제재를 가하는 행위를 말합니다. 징계의 기초는 사랑이고 목적은 온전한 상태로의 회복입니다.

2) 하나님께서는 사랑하는 자를 징계하십니다.

불신자들이 죄를 지으면 정죄를 받고, 그리스도인들이 죄를 지으면 징계를 받습니다. 죄를 지을 때 삶에 여러 가지 문제가 생기는 것은 하나님이 징계하시기 때문입니다.

하나님께서 사랑하시는 자들을 징계하는 목적은 회개하여 온전하게 회복시키기 위한 것입니다.

요한계시록 3:19 무릇 내가 사랑하는 자를 책망하여 징계하노니 그러므로 네가 열심을 내라 회개하라

히브리서 12:6 주께서 그 사랑하시는 자를 징계하시고 그가 받아들이시는 아들마다 채찍질하심이라 하였으니

하나님께시는 우리가 죄를 지을 때 슬퍼하고 마음 아파하십니다. 그래서 하나님께서는 우리가 계속 죄를 짓도록 내버려두지 않고 죄를 지을 때 징계하십니다.

예수 믿는 사람들이 죄를 지을 때 삶에 여러 가지 문제가 생기는 것은 하나님이 징계하시기 때문입니다.

육신의 부모도 자녀가 잘못을 저지르면 벌을 주기도 하고, 매를 들기도 합니다. 부모가 이렇게 하는 것은 자녀가 미워서가 아니라 자녀를 사랑하고, 자녀가 잘되기를 바라기 때문입니다.

마찬가지로 하나님께서 우리를 징계하시는 것도 우리를 사랑하시기 때문입니다. 우리가 거룩하게 살기를 원하시고 우리에게 복 주시기를 원하기 때문입니다.

3. 그리스도인이 죄를 지으면 은혜와 복을 누리지 못합니다.

1) 기쁨과 감사, 평안을 누리지 못합니다.
마음이 불안해지고 감사하는 마음 대신 불평과 원망, 짜증이 일어납니다.

> 로마서 14:17 하나님의 나라는 먹는 것과 마시는 것이 아니요 오직 성령 안에 있는 의와 평강과 희락이라

구원받은 하나님의 자녀들에게는 기쁨과 평안, 감사의 삶이 약속되어 있습니다. 환경이 좋거나 나쁘거나 상관없이 그리스도 안에서 항상 기뻐하고, 평안을 누리고, 범사에 감사할 수 있는 삶을 약속받았습니다. 그러나 그리스도인이 죄를 지으면 이런 것을 누리지 못하게 됩니다. 죄를 지으면 마음이 불안해지고 감사하는 마음 대신 불평과 원망, 짜증이 일어납니다.

2) 예배가 무너지고 기도가 막힙니다.
예배와 기도는 우리가 하나님과 교제하는 통로입니다. 그런데 죄를 지으면 이 통로가 막히게 되어, 하나님께서 주시는 은혜를 누리지 못하게 되는 것입니다.

> 시편 66:18 내가 나의 마음에 죄악을 품었더라면 주께서 듣지 아니하시리라

예배와 기도는 우리가 하나님과 교제하는 중요한 통로입니다. 우리는 예배와 기도 시간을 통해 하나님께서 주시는 은혜를 공급받게 됩니다. 그

러나 죄를 지으면 하나님과 교제하는 데 중요한 이 통로가 막혀, 하나님께서 주시는 은혜를 누리지 못하게 됩니다.

3) 사명을 감당하지 못하는 그리스도인이 됩니다.

그리스도인이 죄를 지으면 빛과 소금의 역할을 감당할 수 없게 됩니다. 그것이 바로 우리에게 죄를 짓게 하는 마귀의 최대 전략입니다.

> 마태복음 5:13 너희는 세상의 소금이니 소금이 만일 그 맛을 잃으면 무엇으로 짜게 하리요 후에는 아무 쓸 데 없어 다만 밖에 버려져 사람에게 밟힐 뿐이니라

하나님께서는 예수님을 믿는 사람들을 세상의 소금이요 빛이라고 말씀하셨습니다. 세상에 선한 영향력을 끼치며 살아야 한다는 것입니다. 그러나 그리스도인이 죄를 지으면 빛과 소금의 역할을 할 수 없게 됩니다. 사명을 감당하지 못하는 그리스도인이 되어버리는 것입니다. 그것이 바로 우리에게 죄를 짓게 하는 마귀의 최대 전략입니다.

4. 어떻게 죄를 이길 수 있을까요?

1) 새사람이 되었다는 사실을 확신하십시오.

죄를 이기기 위해서는 자신이 어떤 사람인지를 분명히 깨닫는 것이 중요합니다.

고린도후서 5:17 그런즉 누구든지 그리스도 안에 있으면 새로운 피조물이라 이전 것은 지나갔으니 보라 새 것이 되었도다

죄를 이기기 위해서는 자신이 어떤 사람인지를 분명히 깨닫는 것이 중요합니다. 예수 그리스도를 믿고 영접했다 하더라도 외적으로는 아무것도 달라지지 않은 것처럼 보일 수 있습니다. 그러나 그리스도 안에 있는 사람은 누구든지 '새로운 피조물'입니다. 이전 것은 모두 지나가고 완전히 새 사람이 되었습니다. 이것이 바로 지금 당신에 관한 진리입니다.

당신은 진심으로 예수 그리스도를 영접했습니까? 그렇다면 다음의 표에서 '새사람'에 동그라미를 하십시오. 그리고 새사람에게 해당하는 진리를 하나하나 밑줄을 그으며 소리 내어 읽어보십시오.

옛사람	새사람
세상에 속한 사람	하나님께 속한 사람
마귀의 자녀	하나님의 자녀
죄가 지배하는 사람	하나님의 은혜가 지배하는 사람
죄의 종	의(義)의 종

2) 죄를 고백하고 회개[9]하십시오.

우리가 죄를 지을 때 우리 안에 계신 성령은 여러 경로(예배와 기도 생활, 양심 등)를 통해서 죄를 깨닫게 하십니다. 죄를 깨달았다면 조금도 지체하

---

9 회개 죄에 대한 확신과 하나님께 죄를 지었다는 깨달음, 그리고 죄로부터 돌이키는 신앙 행위.

지 말고 하나님 앞에 자신의 죄를 고백하고 회개해야 합니다.

> 요한일서 1:9 만일 우리가 우리 죄를 자백하면 그는 미쁘시고 의로우사 우리 죄를 사하시며 우리를 모든 불의에서 깨끗하게 하실 것이요

우리가 죄를 지을 때 우리 안에 계신 성령은 예배와 기도 생활, 양심 등을 통해서 죄를 깨닫게 하십니다. 죄를 깨달았다면 그 즉시 하나님 앞에 자신의 죄를 고백하고, 그 죄로부터 깨끗하게 되기를 바라는 마음으로 하나님의 용서를 구해야 합니다.

죄는 세월이 지났다고 없어지는 것도, 기억에서 사라졌다고 해결되는 것도 아닙니다. 죄의 문제를 해결하는 방법은 오직 회개밖에 없습니다. 그리스도의 보혈로 씻는 회개 외에는 방법이 없습니다.

3) 회개했다면 용서받았다는 확신[10]을 가지십시오.

용서의 확신을 가질 때 우리는 죄책감에서 해방되고, 구원받는 자가 누리는 복을 회복할 수 있습니다.

요한일서 1장 9절 말씀을 다시 보십시오. 하나님께서는 우리가 죄를 자백할 때 우리를 모든 죄에서 깨끗하게 해주시겠다고 분명히 약속했습니다. 그러므로 진심으로 죄를 고백하고 회개했다면 그 죄로부터 깨끗하게 되었다는 사실을 믿으십시오.

---

10 확신 확실히 믿음, 굳게 믿고 의심치 않음.

하나님께서 나의 죄를 완전히 용서해주셨다는 확신을 가지라는 뜻입니다. 용서의 확신을 가질 때 우리는 죄책감에서 해방되고 구원받은 자가 받은 복을 회복하여 누릴 수 있게 됩니다. 회개를 통해 우리는 죄를 용서해주시는 예수님의 은혜를 체험할 수 있습니다.

4) 회개를 통하여 죄를 이길 수 있습니다.

그리스도인이 죄를 이기는 길은 죄를 지을 때마다 계속해서 죄를 고백하고 회개하는 것입니다. 회개하지 않는 것이 문제이지 계속해서 회개하면 반드시 죄를 이기게 됩니다.

> 요한일서 5:18 하나님께로부터 난 자는 다 범죄하지 아니하는 줄을 우리가 아노라 하나님께로부터 나신 자가 그를 지키시매 악한 자가 그를 만지지도 못하느니라

> 갈라디아서 5:16 내가 이르노니 너희는 성령을 따라 행하라 그리하면 육체의 욕심을 이루지 아니하리라

하나님의 자녀들은 죄를 이기고 거룩한 사람으로 살 수 있습니다. 그러나 하나님의 자녀가 되었다고 저절로 죄를 이길 수 있는 것이 아닙니다. 죄를 안 지으려는 의지적인 노력으로 죄를 이길 수 있는 것도 아닙니다. 그리스도인이 죄를 이기는 길은 죄를 지을 때마다 계속해서 죄를 고백하고 회개하는 것입니다.

회개가 죄를 이기도록 만듭니다. 죄를 지을 때마다 진심으로 회개하면 어느 순간 죄를 싫어하게 됩니다. 우리 안에 계시는 성령의 근심을 느끼기

때문입니다. 회개함으로 죄를 이기는 승리의 삶을 사십시오.

| 기도제목 |

| 3주차 양육자 절검리스트 |

☐ 양육일지 기록   ☐ 주 중에 문자나 전화로 심방하기

04 _ 4주차
구원받은 성도에게는 영적인 권세가 있습니다

예수님을 믿는 사람에게는 영적으로 싸워야 할 대상이 있습니다. 신앙생활이란 곧 마귀와의 영적인 전쟁입니다. 마귀는 대단히 큰 능력이 있어서 우리의 힘으로는 도저히 이길 수 없습니다. 그러나 두려워하지 마십시오. 예수 그리스도께서 이미 십자가와 부활로 마귀의 권세를 꺾으셨습니다. 믿는 사람에게 마귀를 이길 수 있는 권세를 주셨습니다. 우리는 이 권세를 사용해서 영적 전쟁에서 승리하는 삶을 살 수 있습니다.

| 핵심 요약 |

예수 그리스도를 영접하는 순간부터 그 사람은 마귀의 대적이 됩니다. 그래서 마귀의 실체와 마귀가 역사하는 방법을 알아야 합니다. 중요한 것은 우리에게 마귀를 이길 수 있는 권세가 있다는 사실입니다. 양육 받는 사람에게 종교를 바꾸는 것에 대한 두려움이나 제사 문제로 인한 갈등이 있을 수 있습니다. 믿는 사람은 그런 문제에 연연하거나 두려워할 필요가 전혀 없음을 명확하게 해줍니다.

1. 마귀는 어떤 존재입니까?

1) 마귀는 사탄, 이 세상 신 등으로 불립니다.

마귀는 우리 눈에는 보이지 않습니다. 그러나 분명히 실재(實在)하는 영적 존재입니다. 마귀는 하나이지만 귀신은 숫자가 수없이 많습니다.

마귀는 '참소[11]자'라는 의미이고, 사탄은 '대적자'라는 의미입니다. 마귀는 바알세불[12], 이 세상 신, 공중권세를 잡은 자, 아볼루온[13], 용, 옛 뱀 등으로 불리기도 합니다. 그리고 그를 따르는 사자들은 귀신이라고 불립니다.

2) 마귀는 교만해서 타락한 천사장입니다.

마귀는 원래 천사들의 우두머리인 천사장이였으나 하나님과 같이 되려는 교만한 마음을 품고 많은 천사와 함께 반역을 일으켰습니다.

에스겔 28:14-15 너는 기름 부음을 받고 지키는 그룹임이여 내가 너를 세우매 네가 하나님의 성산에 있어서 불타는 돌들 사이에 왕래하였도다 네가 지음을 받던 날로부터 네 모든 길에 완전하더니 마침내 네게서 불의가 드러났도다

마귀는 원래 천사들의 우두머리인 천사장으로 하나님께서 만드신 피조물 중에서도 아름답고 능력이 뛰어난 존재였습니다. 그러나 그는 하나님

---

11 참소(讒訴) 남을 헐뜯어서 죄가 있는 것처럼 꾸며 윗사람에게 고해바치는 것을 말함.
12 바알세불 거주(居住)의 주인이라는 뜻으로, 신약 성경에서 악귀의 우두머리, 곧 사탄을 이르는 말.
13 아볼루온 마귀의 뜻으로 아바돈의 헬라어 번역.

과 같이 되려는 교만한 마음을 품고 자신을 따르는 많은 천사와 함께 반역을 일으켰습니다. 반역은 실패했고, 마귀는 결국 하나님 앞에서 내쫓김을 당했습니다.

3) 마귀는 공중권세 잡은 자입니다.

마귀는 반역에 실패하고 공중(세상)으로 쫓겨났습니다. 마귀는 권세를 가지고 세상을 지배하고 있습니다. 하나님을 알지 못하는 사람은 누구든지 마귀의 종입니다.

에베소서 2:2 그 때에 너희는 그 가운데서 행하여 이 세상 풍조를 따르고 공중의 권세 잡은 자를 따랐으니 곧 지금 불순종의 아들들 가운데서 역사하는 영이라

세상이 왜 이렇게 악할까요? 왜 세상에 고통이 끊이지 않을까요? 마귀가 세상을 지배하고 다스리고 있기 때문입니다. 사람들은 다 자기 마음대로 산다고 생각합니다. 가고 싶은 곳도 마음대로 가고, 하고 싶은 일도 마음대로 하고 산다고 생각합니다. 그러나 그렇지 않습니다. 순수하게 자기 마음대로 사는 사람은 없습니다. 깨닫지 못할 뿐이지 마귀의 지배를 받으며, 마귀에게 종노릇하며 살고 있습니다.

2. 마귀는 어떤 일을 하고 있습니까?

1) 하나님을 대적하고 죄를 짓게 만듭니다.

선한 일을 하는 것은 어려워도, 죄를 짓는 것은 너무 쉽습니다. 마귀가 죄를 짓도록 배후에서 역사하고 있기 때문입니다.

> 요한일서 3:8 죄를 짓는 자는 마귀에게 속하나니 마귀는 처음부터 범죄함이라 …

마귀는 사람들을 지배하며 죄를 짓게 만듭니다. 아담과 하와도 마귀의 유혹 때문에 죄를 짓고 타락했습니다(창세기 3:1-6). 마귀는 지금도 계속해서 그런 일을 하고 있습니다.

선한 일을 하는 것은 어려워도, 죄를 짓는 것은 너무 쉬워 죄를 짓지 않는 날보다 죄를 짓는 날이 더 많습니다. 더 정확하게 말하면 죄를 짓지 않는 날이 없습니다. 어린아이들을 보십시오. 가르치지 않아도 나쁜 것들을 너무 잘 배웁니다. 해야 할 일은 하기 싫어하고 하지 말아야 할 일은 하고 싶어 합니다. 무엇 때문입니까? 마귀가 죄를 짓도록 배후에서 역사하고 있기 때문입니다.

2) 하나님을 알지 못하게 하고 복음을 믿지 못하게 합니다.

마귀는 사람들의 마음을 혼미하게(어둡게) 만들어서 하나님을 알지 못하게 하고, 그리스도의 복음을 믿지 못하게 만듭니다. 이것이 영혼 구원을 위해 기도해야 하는 이유입니다.

고린도후서 4:4 그 중에 이 세상의 신이 믿지 아니하는 자들의 마음을 혼미하게 하여 그리스도의 영광의 복음의 광채가 비치지 못하게 함이니 그리스도는 하나님의 형상이니라

마귀는 사람들의 마음을 혼미하게(어둡게) 만들어서 하나님을 알지 못하도록 합니다. 원숭이가 진화해서 사람이 되었다는 이야기는 믿으면서 하나님이 세상을 만드셨다는 것은 믿지 못하게 만듭니다.

복음을 믿는 것도 마찬가지입니다. 예수 그리스도를 믿으면 누구든지 구원을 얻고 하나님의 자녀가 될 수 있습니다. 그러나 마귀는 사람들이 복음을 들어도 깨닫지 못하게 만듭니다. 사람들이 복음을 믿지 못하는 것은 그것이 이해하기 어렵기 때문이 아니라 마귀가 복음의 진리를 깨닫지 못하게 막기 때문입니다. 불신자의 영혼 구원을 위해서 기도해야 하는 이유가 바로 그것입니다.

마귀는 당신이 하나님을 아는 것을 원치 않습니다. 혹시라도 양육을 받기 싫은 마음이 생기거나 교회에 나오기 싫은 마음이 생긴다면 마귀의 공격임을 명심하십시오.

3) 사람들을 죽이고 멸망시킵니다.

사람들을 자기와 같이 영원한 지옥으로 끌고 가는 것이 마귀의 궁극적인 목적입니다.

요한복음 10:10 도둑이 오는 것은 도둑질하고 죽이고 멸망시키려는 것뿐이요…

마귀는 하나님을 아는 지식을 가로막아서 결국 사람들을 죽이고 멸망시킵니다. 사람들을 영원한 지옥으로 끌고 가는 것이 마귀의 궁극적인 목적입니다.

4) 마귀는 다음과 같은 일도 합니다.
첫째, 사람들을 미혹하여 우상숭배에 빠지도록 만듭니다.

디모데전서 4:1 그러나 성령이 밝히 말씀하시기를 후일에 어떤 사람들이 믿음에서 떠나 미혹하는 영[14]과 귀신의 가르침을 따르리라 하셨으니

마귀는 미혹하는 영입니다. 마귀는 사람들을 미혹해서 우상숭배에 빠지도록 만듭니다. 점치고 굿하는 일 뒤에는 마귀의 역사가 있습니다. '부모공경'이라는 명목으로 죽은 자에게 제사하는 것 역시 귀신을 섬기는 일입니다. 그런 이유로 기독교는 조상에게 제사하는 것을 철저히 금하고 있습니다. 이단에 빠지는 것, 역시 마귀의 역사입니다.

둘째, 사람들을 절망하고 낙심하게 만듭니다.

마귀는 사람들이 하나님을 바라보지 못하게 하고 자신의 연약함과 무능함, 상처 같은 것에 집중하게 만듭니다. 그래서 작은 시련과 실패에도 낙심하고 절망하게 만듭니다. 심지어 살아갈 의욕을 잃게 만들고 자살하고

---

14 영 피조물이자 비물질적인 실존, 혹은 육과 대조되는 속사람의 실체로서 영혼.

싶은 마음을 심어줍니다. 우울증도 마귀의 공격 중의 하나입니다.

셋째, 공동체를 분열시킵니다.

마귀는 분열의 영입니다. 마귀는 사람들 마음에 비판, 시기, 질투, 정죄하는 마음을 심어줍니다. 그래서 가정이나 교회, 직장에서 서로 갈등하거나 싸우게 만듭니다. 부부간의 갈등도 단순히 부부 사이의 문제로 보지 말아야 합니다.

넷째, 육체의 질병을 일으키기도 합니다.

예수님께서 사람들의 병을 고쳐주실 때 귀신을 내쫓은 경우가 많았습니다. 모든 질병이 마귀에게서 오는 것은 아니지만 어떤 질병은 마귀가 주기도 합니다. 마귀로부터 정신적인 질병이 오는 경우도 많습니다.

마귀는 이와 같은 일을 합니다. 그러나 예수님을 믿는 사람은 마귀를 두려워할 필요가 전혀 없습니다.

3. 하나님의 자녀에게는 마귀를 이길 영적인 권세가 있습니다.

1) 하나님의 자녀는 마귀의 지배에서 벗어났습니다.
마귀는 더 이상 우리를 지배할 수도, 조정할 수도 없습니다. 마귀는 우리를 건드릴 수조차 없습니다.

골로새서 1:13 그가 우리를 흑암의 권세에서 건져내사 그의 사랑의 아들의 나라로 옮기셨으니

　우리도 예수님을 믿기 전에는 마귀에게 종노릇하며 죄를 짓던 사람들이었습니다. 그러나 예수님을 영접한 후에는 마귀의 지배에서 완전히 벗어났습니다. 예수님을 영접하는 순간 하나님께 속한 자요, 하나님의 자녀가 되었기 때문입니다. 마귀는 우리를 건드릴 수 없습니다. 우리를 지배하거나 조정할 수 없습니다.

2) 하나님의 자녀에게는 마귀를 이길 권세가 주어졌습니다.
　하나님의 자녀들은 예수님께서 주신 권세로 마귀와 싸워 승리할 수 있습니다.

마가복음 16:17 믿는 자들에게는 이런 표적이 따르리니 곧 그들이 내 이름으로 귀신을 쫓아내며 새 방언을 말하며

　하나님의 자녀들은 마귀의 지배에서 벗어났을 뿐 아니라 마귀를 이길 권세가 있습니다. 마귀는 믿는 자들을 공격하고 넘어뜨리려고 혈안이 되어 있습니다. 성경은 "너희 대적 마귀가 우는 사자 같이 두루 다니며 삼킬 자"(베드로전서 5:8)를 찾는다고 했습니다. 그러나 하나님의 자녀들은 예수님께서 주신 권세로 마귀와 싸워 승리할 수 있습니다.

4. 마귀와의 영적 전쟁에서 승리하십시오.

어떻게 마귀와의 영적 전쟁에서 승리할 수 있을까요?

1) 싸움의 대상을 바로 알아야 합니다.
우리가 싸워야 할 대상은 사람이 아니라 배후에서 역사하고 있는 마귀입니다.

> 에베소서 6:12 우리의 씨름은 혈과 육을 상대하는 것이 아니요 통치자들과 권세들과 이 어둠의 세상 주관자들과 하늘에 있는 악의 영들을 상대함이라

마귀는 사람들 사이에서 갈등과 싸움을 일으킵니다. 사람들끼리 미워하고 싸우는 것은 마귀가 좋아하는 일입니다. 갈등과 싸움이 일어나는 것은 마귀와의 영적 전쟁에서 패배한 것입니다.
그러므로 가정과 교회, 직장에서 갈등을 겪을 때, 우리가 싸워야 할 대상은 사람이 아니라, 배후에서 역사하고 있는 마귀임을 기억해야 합니다. 싸움의 대상을 잘 분별해야 영적 전쟁에서 이길 수 있습니다.

2) 그리스도의 보혈[15]을 의지해 정결함을 유지해야 합니다.
아직 해결되지 않은 죄가 있다면 회개하고 죄 사함을 받아야 합니다. 정결한 자만이 마귀와의 전쟁에서 승리할 수 있기 때문입니다.

---
15 보혈 죄를 씻어주기 위하여 예수님께서 십자가에 못 박혀 흘린 피를 이르는 말.

야고보서 5:16 그러므로 너희 죄를 서로 고백하며 병이 낫기를 위하여 서로 기도하라 의인의 간구는 역사하는 힘이 큼이니라

악한 영과의 싸움에서 이기려면 우리의 영이 정결하고 건강해야 합니다. 죄는 우리를 영적으로 무너뜨리고 병들게 합니다. 그러므로 해결하지 못한 죄의 문제가 있으면 마귀와의 영적 전쟁에서 승리할 수 없습니다.

예수 그리스도의 보혈은 우리의 모든 죄를 씻는 능력입니다. 마귀의 권세를 꺾는 능력입니다.

3) 하나님께서 주신 권세로 마귀를 대적해야 합니다.

주 예수의 이름으로 대적할 때 마귀는 떠납니다.

야고보서 4:7 그런즉 너희는 하나님께 복종할지어다 마귀를 대적하라 그리하면 너희를 피하리라

하나님께서는 우리에게 마귀를 이기는 권세를 주셨습니다. 마귀의 공격이 감지되면 즉시 마귀를 대적하십시오. 악한 생각이 떠오른다면 "내가 예수 그리스도의 이름으로 명하노니 악한 생각을 주는 사탄아 떠나가라!" 하고 선포해야 합니다. 가족 간의 다툼이 있다면 "내가 예수 그리스도의 이름으로 명하노니 우리 가족을 분열케 하는 악한 영은 떠나가라!" 하고 선포해야 합니다.

이렇게 마귀를 대적하는 선포를 할 때 마귀는 떠납니다. 예수 그리스도의 이름에 마귀를 이기는 권세가 있기 때문입니다.

4) 하나님의 전신 갑주[16]를 입어야 합니다.

하나님의 전신 갑주는 진리, 평안의 복음, 믿음, 구원, 성령의 검, 기도입니다.

에베소서 6:11 마귀의 간계를 능히 대적하기 위하여 하나님의 전신 갑주를 입으라

하나님께서는 우리에게 영적 전쟁에서 승리할 수 있는 영적 무기를 허락해주셨습니다. 진리의 허리띠, 의의 호심경, 평안의 복음의 신, 믿음의 방패, 구원의 투구, 성령의 검(말씀)이 그것입니다. 모두 확고부동한 신앙과 관련이 있습니다. 우리는 이 무기로 마귀의 공격을 방어하기도 하고 그들을 공격할 수도 있습니다.

5) 성령이 인도하심을 따라 반대정신으로 싸워야 합니다.

선으로 악을 이기라는 말입니다. 미움은 사랑과 용서로, 탐욕은 나눔으로 이길 수 있습니다. 악은 결코 선을 이길 수 없습니다.

로마서 12:21 악에게 지지 말고 선으로 악을 이기라

반대정신으로 싸운다는 것은 선으로 악을 이기는 것을 말합니다. 미움은 용서와 사랑으로 이길 수 있습니다. 탐욕은 베풀고 나누어줌으로 이길

---

16 전신 갑주 온몸을 감싼 갑옷과 투구. 성경에서는 성도들이 사탄과의 전투에서 반드시 착용해야 할 거룩한 의복에 비유된다.

수 있습니다. 비난과 비판은 상대방의 허물을 덮어주고 감싸줌으로 이길 수 있습니다.

당신을 미워하는 사람이 있다면 그 사람을 용서하고 사랑하십시오. 그 사람을 향해 '사랑합니다.', '감사합니다.'라고 말해보십시오. 악은 결코 선을 이길 수 없습니다.

| 기도제목 |

| 4주차 양육자 점검리스트 |

☐ 양육일지 기록　　　　　　　　　☐ 주 중에 문자나 전화로 심방하기

05 _5주차
새로운 갈등에 도전하십시오

예수 그리스도를 믿으면 죄와 저주, 마귀의 권세로부터 해방됩니다. 곧 모든 문제의 근원으로부터 해방되는 것입니다. 그러나 이 말은 이 땅에 사는 동안 우리에게 아무런 문제가 없을 것이라는 뜻은 아닙니다. 예수님을 믿는 사람에게는 하나님의 복을 누리기 위한 새로운 종류의 갈등과 어려움이 생깁니다. 이런 갈등을 잘 인내하며 극복해나갈 때 우리의 신앙생활은 더 풍성해질 것입니다.

| 핵심 요약 |

5과의 초점은 예수 그리스도를 믿고 난 이후에 겪을 수 있는 갈등과 어려움에 관한 것입니다. 예수 그리스도를 처음 믿은 사람은 새로운 갈등과 어려움을 겪을 때 당황하거나 혼란스러울 수 있습니다. 2번 내용을 진행할 때 양육 대상자가 겪는 새로운 갈등에 대해 잘 경청하십시오. 그리고 그것이 전혀 이상한 것이 아니라는 사실과 그때 붙들어야 할 다섯 가지 확신에 대해 명확하게 설명합니다.

1. 예수님을 믿으면 어떤 변화가 생길까요?

1) 새로운 피조물이 됩니다.

예수님을 영접하면 우리의 영혼이 거듭나서 완전히 새로운 사람이 됩니다.

> 고린도후서 5:17 그런즉 누구든지 그리스도 안에 있으면 새로운 피조물이라 이전 것은 지나갔으니 보라 새 것이 되었도다

조금 개선되고 달라지는 정도가 아니라 완전히 새로운 사람이 되는 것입니다. 예전에 어떤 삶을 살았든, 어떤 실패와 절망을 겪었든 그것은 중요하지 않습니다. 그리스도 안에 있는 사람은 완전히 새로운 사람입니다. 하나님의 위대한 작품입니다.

2) 새로운 관계가 형성됩니다.

첫째, 하나님과 새로운 관계가 맺어집니다.
하나님께서 나의 아버지가 되시고 나는 하나님의 자녀가 되는 것입니다.

> 갈라디아서 4:6 너희가 아들이므로 하나님이 그 아들의 영을 우리 마음 가운데 보내사 아빠 아버지라 부르게 하셨느니라

예수님을 영접하면 하나님의 자녀가 됩니다. 예수님을 영접하면 죄로 말미암아 끊어졌던 하나님과의 관계가 회복될 뿐 아니라 '아버지와 자녀'

라는 새로운 관계를 맺게 됩니다.

하나님은 나의 아버지가 되시고 나는 하나님의 자녀가 됩니다. 이보다 복되고 아름다운 관계는 없습니다.

둘째, 다른 성도들과 새로운 관계가 맺어집니다.

예수님을 영접하는 순간, 하나님 안에서 다른 성도와 한 형제자매가 됩니다. 교회는 하나님을 아버지로 모시는 영적인 가족 공동체입니다.

에베소서 2:19 그러므로 이제부터 너희는 외인도 아니요 나그네도 아니요 오직 성도들과 동일한 시민이요 하나님의 권속이라

예수님을 영접하면 다른 성도들과도 새로운 관계를 맺게 됩니다. 다른 성도들과 나는 어떤 관계일까요? 다른 성도들 역시 나처럼 하나님을 아버지라고 부릅니다. 그러므로 예수님을 영접하는 순간, 하나님 안에서 다른 성도들과 한 형제자매가 되는 것입니다.

이렇게 하나님을 아버지로 부르는 믿음의 형제자매가 함께 모이는 곳이 바로 교회입니다. 교회는 하나님을 아버지로 모시는 자녀들의 영적인 가족 공동체입니다.

3) 새로운 깨달음을 얻게 됩니다.

하나님을 알게 되고, 영적인 것들에 대한 분별력이 생깁니다.

요한복음 14:26 보혜사[17] 곧 아버지께서 내 이름으로 보내실 성령 그가 너희에게 모든 것을 가르치고 내가 너희에게 말한 모든 것을 생각나게 하리라

예수님을 영접하면 영적인 진리에 대한 눈을 뜨게 됩니다. 하나님이 어떤 분이신지 알게 되고, 하나님의 말씀을 이해할 수 있는 분별력이 생깁니다. 우리 안에 계신 성령께서 깨닫게 해주시기 때문입니다.

4) 새로운 삶을 살려는 마음을 갖게 됩니다.

하나님의 자녀들은 죄를 멀리하고 거룩하게 살려는 마음을 갖게 됩니다.

갈라디아서 5:24 그리스도 예수의 사람들은 육체와 함께 그 정욕과 탐심을 십자가에 못 박았느니라

자식이 부모를 닮는 것이 당연한 것처럼 하나님의 자녀에게는 하나님을 닮기 원하는 마음이 생깁니다. 하나님은 거룩하신 분입니다. 죄를 가장 싫어하십니다. 그래서 하나님의 자녀가 된 사람은 죄를 멀리하고 새로운 삶을 살려는 마음을 갖게 됩니다.

물론 이런 마음이 생긴다고 전혀 죄를 짓지 않는다는 것은 아닙니다. 죄를 지을 수도 있지만, 하나님의 자녀들은 근본적으로 거룩하게 살려는 마음을 갖게 됩니다.

---

[17] 보혜사 성령의 다른 이름, 다른 사람에게 도움을 베풀도록 곁에 부름을 받은 자(변호사, 위로자, 조력자, 담당자)를 뜻함.

5) 새로운 사랑이 일어납니다.

하나님의 사랑을 깨달은 사람이라면 누구든지 사랑의 마음이 생기게 마련입니다.

> 요한일서 4:12 어느 때나 하나님을 본 사람이 없으되 만일 우리가 서로 사랑하면 하나님이 우리 안에 거하시고 그의 사랑이 우리 안에 온전히 이루어지느니라

하나님은 사랑이십니다. 하나님께서는 예수님을 십자가에 못 박을 정도로 우리를 사랑하셨습니다. 그 사랑을 받고 깨달은 사람은 누구든지 사랑의 마음이 생기게 마련입니다. 예전에는 다른 사람을 미워하고도 아무 거리낌이 없었지만 예수님을 믿은 후에는 달라지는 것입니다. '용서해야지', '사랑해야지' 하는 마음이 생깁니다.

6) 새로운 소원이 생깁니다.

하나님을 위해 무언가 하고 싶은 마음, 봉사하고 싶은 마음, 전도하고 싶은 마음 등이 생긴다는 것입니다.

> 빌립보서 2:13 너희 안에서 행하시는 이는 하나님이시니 자기의 기쁘신 뜻을 위하여 너희에게 소원을 두고 행하게 하시나니

예수님을 영접한 사람은 하나님이 기뻐하시는 일을 하고자 하는 마음이 생깁니다. 우리 안에 계신 성령께서 그와 같은 소원을 주시기 때문입니다. 누가 강제로 시킨 것도 아닌데 봉사하고 싶은 마음, 전도하고 싶은 마

음이 생기는 것입니다.

하나님과 교회를 위하여 무엇인가를 해야겠다는 마음이 든 적 있습니까? 그렇다면 그것은 당신 안에 계신 성령께서 주신 마음입니다.

2. 예수님을 믿은 후에 새로운 갈등이 생기기도 합니다.

예수님을 믿은 후에 좋은 일만 생기는 것은 아닙니다. 새로운 갈등이 일어나기도 하고 어려움이 찾아오기도 합니다. 예수님을 믿은 이후에 당신이 경험하고 있는 새로운 갈등에 대해서 말해보십시오.

예수님을 영접하면 많은 복을 받습니다. 좋은 변화도 많이 일어납니다. 그러나 좋은 일만 생기는 것은 아닙니다. 새로운 갈등이 일어나기도 하고 어려움이 찾아오기도 합니다.

예를 들어 예수님을 믿는 것 때문에 가족 간에 갈등이 생길 수 있습니다. 예수님을 믿는 것 때문에 사랑하는 사람들로부터 핍박을 받을 수도 있고, 제사 문제로 갈등을 겪을 수도 있습니다. 직장에서는 음주문화나 접대 강요 등으로 갈등이 생길 수 있습니다.

- 가정에서

- 직장에서

- 인간관계에서

| TIP | 새가족이 예수님을 영접한 이후 실제로 많은 갈등과 어려움을 겪고 있을 수 있습니다. 자유로운 분위기 속에서 자신이 겪고 있는 갈등과 어려움을 이야기하도록 하고 잘 경청하십시오. 그러나 이 문제에 너무 오랫동안 시간을 지체하지 않도록 합니다.

3. 다섯 가지 확신으로 갈등을 극복하십시오.

1) 구원을 확신해야 합니다.

새로운 갈등이 생겼다는 것은 당신이 거듭난 사람이라는 것을 의미합니다. 구원의 확신을 갖게 되면 어떤 갈등과 어려움에도 흔들리지 않을 수 있습니다.

> 요한일서 5:11 또 증거는 이것이니 하나님이 우리에게 영생을 주신 것과 이 생명이 그의 아들 안에 있는 그것이니라

예수 믿는 사람은 새로운 갈등을 두려워할 필요가 없습니다. 새로운 갈등이 생겼다는 것은 거듭난 사람이 되었다는 것을 의미하기 때문입니다. 새로운 갈등이 일어난다는 것은 신분이 달라졌다는 것을 의미합니다. 세상에 속한 사람이 아니라 하나님께 속한 사람이 되었다는 뜻입니다.

새로운 갈등이 생겼을 때 명심하십시오. "나는 구원받은 하나님의 자녀이다. 하나님께서 영원히 나와 함께하신다. 그 어떤 것도 내가 받은 구원을 흔들 수 없고 빼앗을 수 없다." 구원의 확신이 있으면 어떤 갈등과 어려움에도 흔들리지 않게 됩니다.

2) 기도의 응답을 확신해야 합니다.

기도하면 하나님께서 우리 마음에 평안을 주시고, 모든 갈등과 어려움이 변하여 간증거리가 되게 하십니다.

요한복음 16:24 지금까지는 너희가 내 이름으로 아무 것도 구하지 아니하였으나 구하라 그리하면 받으리니 너희 기쁨이 충만하리라

갈등이 있으면 마음에 근심과 염려가 생길 수 있습니다. 그러나 하나님의 자녀는 근심하고 염려하는 대신 기도해야 합니다. 우리는 무엇이든지 '예수 이름으로' 하나님께 기도할 수 있습니다. 내 마음에서 일어나는 갈등과 인간관계의 갈등 등 그 어떤 문제든지 하나님께 기도할 수 있습니다.

하나님께서는 기도하는 사람에게 반드시 응답하십니다. 기도하면 하나님께서 마음에 평안을 주시고 모든 갈등과 어려움이 변하여 간증거리가 되게 하십니다. 기도는 갈등을 간증으로 바꾸는 힘이 있습니다.

3) 성령의 인도하심을 확신해야 합니다.

성령의 인도하심을 받으면 어려운 문제와 갈등을 해결할 수 있는 지혜와 세상의 유혹에 넘어가지 않을 수 있는 분별력과 힘을 얻게 됩니다.

잠언 3:5-6 너는 마음을 다하여 여호와를 신뢰하고 네 명철을 의지하지 말라 너는 범사에 그를 인정하라 그리하면 네 길을 지도하시리라

구원받은 사람 안에는 성령께서 항상 내주하십니다. 우리 안에 계신

성령은 우리의 삶을 복되고 거룩한 길로 인도하시는 분입니다.

그러므로 새로운 갈등이 생겼을 때, 스스로 해결하려고 하지 말고 성령의 인도하심에 전적으로 의지해야 합니다. 성령께서 인도하시는 길은 언제나 최선입니다. 성령의 인도하심을 갈망하십시오.

다음은 성령의 인도하심을 받는 단계입니다(잠언 3:5-10).
첫째, 하나님을 신뢰하십시오.
둘째, 자기 명철(지혜)을 의지하지 마십시오.
셋째, 범사에 하나님을 인정하십시오.
넷째, 그러면 하나님께서 당신의 길을 지도하실 것입니다.

4) 하나님의 용서하심을 확신해야 합니다.

새로운 갈등에 잘못 대처하면 죄를 지을 수 있습니다. 그 죄는 회개함으로 용서받을 수 있습니다. 회개하기를 부끄러워하지 마십시오. 하나님께서는 어떤 죄라도 용서해주십니다.

> **요한일서 1:9** 만일 우리가 우리 죄를 자백하면 그는 미쁘시고 의로우사 우리 죄를 사하시며 우리를 모든 불의에서 깨끗하게 하실 것이요

인간관계의 갈등을 겪다보면 다른 사람에게 잘못된 말을 하거나 혈기를 부릴 수 있습니다. 세상의 유혹을 이기지 못해서 죄를 지을 수도 있습니다. 죄를 지으면 하나님과의 교제가 막히고 관계가 멀어집니다.

그러나 하나님의 자녀들에게는 죄의 문제를 해결할 수 있는 길이 있습

니다. 하나님께 자신의 죄를 고백하고 회개하는 것입니다. 하나님께서는 진실로 회개하는 사람을 언제든지 용서하시고 그 죄를 깨끗하게 하십니다.

5) 그리스도 안에서 승리를 확신해야 합니다.

하나님께서는 갈등이나 시험을 없애주지는 않지만 그것을 감당하고 이길 힘을 주십니다. 하나님을 의지하고 믿음으로 나아가십시오.

> 고린도전서 10:13 사람이 감당할 시험 밖에는 너희가 당한 것이 없나니 오직 하나님은 미쁘사 너희가 감당하지 못할 시험 당함을 허락하지 아니하시고 시험 당할 즈음에 또한 피할 길을 내사 너희로 능히 감당하게 하시느니라

우리는 이미 예수 그리스도의 십자가로 인해 모든 죄와 마귀의 권세에서 해방되었습니다. 예수 믿은 후에도 갈등과 시험이 있지만 결국 우리는 승리할 것입니다. 하나님께서는 모든 것의 주인이시며 모든 것을 통치하시고 다스리는 분이시기 때문입니다. 새로이 겪는 모든 시험과 갈등도 하나님의 주권과 섭리[18] 아래 있음을 기억하십시오.

하나님께서는 갈등이나 시험을 없애주지는 않지만 그것을 감당하고 이길 힘을 주십니다. 하나님을 의지하고 믿음으로 나아가면 반드시 승리할 것입니다.

---

18 섭리 세상과 우주 만물을 다스리는 하나님의 뜻.

| TIP | 5과를 마친 후, 교회의 소그룹을 소개하고, 소그룹에 참여할 수 있도록 독려하십시오. 이외에 교회를 소개하거나 새가족에게 알려 주어야 할 내용을 전달해줍니다.

| 기도제목 |

| 5주차 양육자 점검리스트 |

☐ 양육일지 기록 ☐ 주 중에 문자나 전화로 심방하기
☐ 소그룹 소개와 권면

06 _6주차
구원받은 성도는
기도의 응답을 받습니다

기도는 하나님의 자녀가 누릴 수 있는 가장 큰 특권입니다. 기도는 살아계신 하나님과 교제하는 것입니다. 기도는 하늘의 보물창고를 여는 열쇠입니다. 우리의 하나님 아버지는 모든 것을 가지고 계신 분입니다. 하늘 창고의 주인이십니다. 우리는 기도함으로 하나님께 있는 것들을 우리에게로 가져올 수 있습니다. 그러므로 이 특권을 사용하지 않는 것은 정말로 어리석은 일입니다. 우리는 언제 어디서나 기도의 특권을 사용할 수 있습니다.

| 핵심 요약 |

하나님과의 관계가 회복된 사람들은 기도 생활을 통하여 하나님과 실제적인 교제를 할 수 있습니다. 왜 기도해야 하는지 기도의 필요성을 강조합니다. 그리고 모임이 끝날 때 하루의 시간을 실제로 정하고 10분이면 10분, 기도 생활에 헌신할 것을 권면합니다. 기도는 기도함으로써 배울 수 있기 때문입니다. 기도 생활에 대한 양육자의 경험을 나누면 더 좋습니다.

1. 왜 기도해야 할까요?

하나님은 모든 것을 아시고 모든 것을 하실 수 있는 전지[19]전능[20](全知全能)하신 분입니다.

> **마태복음 6:8** 그러므로 그들을 본받지 말라 구하기 전에 너희에게 있어야 할 것을 하나님 너희 아버지께서 아시느니라

> **마태복음 7:7** 구하라 그리하면 너희에게 주실 것이요 찾으라 그리하면 찾아낼 것이요 문을 두드리라 그리하면 너희에게 열릴 것이니

우리가 믿는 하나님은 전능하신 분입니다. 그래서 우리의 필요를 잘 아십니다. 우리가 구하기 전에도 우리에게 무엇이 필요한지를 우리보다 더 잘 알고 계십니다. 그런데도 하나님께서는 우리에게 '기도하라', '구하라'고 말씀하십니다.
왜 전지전능하신 하나님께서 우리가 기도하기를 원하실까요?

1) 기도를 통해 하나님과의 관계가 친밀해지기 때문입니다.
첫째, 기도는 하나님과의 대화입니다.
사람과 사람 사이의 관계가 대화를 통해서 깊어지고 친밀해지는 것처

---

19 전지 과거, 현재, 미래의 모든 것을 알고 있는 하나님의 성품.
20 전능 어떤 일이든 못하는 것이 없이 모두 능한 하나님의 성품.

럼 하나님과의 관계도 기도를 통해 깊어지고 친밀해집니다.

많은 사람이 기도를 문제 해결의 수단으로만 생각합니다. 그러나 기도의 가장 중요한 목적은 하나님과의 교제입니다. 기도는 하나님과 대화하는 것입니다. 우리는 기도로 우리 마음을 하나님께 아뢰고 하나님의 말씀을 들을 수 있습니다.

사람과 사람의 관계도 대화를 통해서 깊어지고 친밀해집니다. 부자(父子)간이라도 대화가 전혀 없다면 결코 친밀한 관계는 맺을 수 없습니다. 마찬가지로 하나님과 우리의 관계도 기도를 통해 깊어지고 친밀해집니다. 기도를 통해 하나님의 뜻과 마음을 이해하게 되고, 그로 인해 하나님을 더 가까이 느끼게 되는 것입니다.

둘째, 기도는 살아 계신 하나님을 경험하게 합니다.

기도를 통해 살아 계신 하나님을 경험하면 하나님에 대해 확신 있는 믿음을 가질 수 있게 됩니다. 하나님을 더욱 의지하고 사랑하는 사람이 되는 것입니다.

우리는 기도하고 하나님은 기도에 응답해주십니다. 그것을 통해 우리는 살아 계신 하나님을 경험하게 됩니다. 그 경험을 통해 하나님이 살아 계시고, 나의 기도를 들으시며 나를 사랑하신다는 사실을 알게 되는 것입니다.

기도를 통해 살아 계신 하나님을 경험하면 우리 안에 있는 모든 갈증, 고통, 의심이 해결됩니다. 하나님에 대한 믿음의 확신과 하나님에 대한 사랑이 더욱 강렬해지고 깊어집니다. 기도를 통해 하나님을 더욱 의지하고 사랑하게 됩니다.

예를 들어, 내 힘으로 도저히 해결할 수 없는 문제가 기도를 통해서 해결되었다고 생각해보십시오. 우리는 분명히 이전과는 다른 마음과 태도로 하나님을 대하게 될 것입니다.

2) 기도를 통해 하나님의 뜻이 이루어지기 때문입니다.

하나님께서는 놀라운 일들을 계획하시고 우리는 그것이 이루어지기를 기도합니다. 하나님께서는 그분의 뜻을 이루시기 위해서 우리의 기도를 사용합니다.

> 마태복음 6:10 …뜻이 하늘에서 이루어진 것 같이 땅에서도 이루어지이다

하나님은 우리 없이도 모든 것을 하실 수 있는 전능하신 분입니다. 그런데 하나님께서는 우리에게 기도를 통해 하나님의 일에 동참할 수 있는 특권을 주셨습니다. 하나님께서는 놀라운 일들을 계획하시고 우리는 그것이 이루어지기를 기도합니다. 그러면 하나님께서 그 기도에 응답하셔서 실제로 하나님의 뜻을 이루십니다.

한 영혼이 주님을 영접하고 구원받는 일을 생각해보십시오. 영혼 구원은 하나님이 하시는 일입니다. 그러나 그 일을 이루시기 위해 하나님께서는 우리의 기도를 사용하십니다. 처음 예수님을 영접하고 구원받은 사람들의 간증을 들어보십시오. 그 일이 있기까지 주변 사람들의 많은 기도가 있었다는 것을 알 수 있습니다.

| TIP | 새가족에게 직접 물어보는 것이 좋습니다. "○○○님이 예수님을 믿도록 기도한 분이 있습니까?" 그러면 분명히 누군가 그를 위해서 기도했다는 대답이 나올 것입니다. 새가족을 구원하시려는 하나님의 뜻이 그 기도를 통해 이루어진 것이라고 설명해주십시오.

2. 언제 기도해야 할까요?

1) 항상 기도해야 합니다.

항상 기도하는 것은 '기도로 살라'는 것입니다. 기도는 구원받은 그리스도인의 생활이어야 합니다.

골로새서 4:2 기도를 계속하고 기도에 감사함으로 깨어 있으라

기도는 어려운 일이 있거나 필요한 것이 생겼을 때만 하는 것이 아닙니다. 하나님께서는 '항상' 기도하라고 말씀하셨습니다. 항상 기도하라는 것은 '매일' 기도하라는 의미이기도 하지만, 더 정확하게 말하면 '기도로 살라'는 의미입니다. 무엇을 하든지 기도로 하고 어떤 형편에 있든지 기도하라는 것입니다.

2) 시간을 정해놓고 기도합니다.

기도하는 습관을 들이려면 시간을 정해놓고 기도하는 것이 좋습니다. 예수님께서도 시간을 정해놓고 기도하셨습니다.

누가복음 22:39 예수께서 나가사 습관을 따라 감람 산에 가시매 제자들도 따라갔더니

매일 기도하되 기도에 가장 집중할 수 있는 시간을 정해놓고 하는 것이 좋습니다. 예수님도 시간을 정해놓고 기도하셨습니다. 시간을 정해놓고 기도하면 기도하는 습관이 자리 잡게 되고 기도를 생활화할 수 있습니다. 교회에서는 매일 새벽기도를 합니다. 새벽기도에 참여하면 기도 생활에 많은 유익을 얻을 수 있습니다.

3) 어떤 문제를 놓고 집중적으로 기도할 수 있습니다.

우리의 삶에 특별하고 긴급한 문제가 생겼을 때, 그 문제만을 위하여 기한을 정하거나 금식[21](禁食)하며 기도할 수 있습니다.

다니엘 9:3 내가 금식하며 베옷을 입고 재를 덮어쓰고 주 하나님께 기도하며 간구하기를 결심하고

기한을 정해 기도하거나 금식하며 기도하는 것은 우리의 기도 제목이 그만큼 절박하다는 것을 하나님께 적극적으로 표현하는 것입니다.

---

21 금식 종교적인 이유로 한동안 음식을 먹지 않음.

3. 어떻게 기도해야 할까요?

대화에 특별한 형식이 있지 않은 것처럼 기도에도 특별한 형식이 있는 것은 아닙니다. 그러나 기도를 처음 배우는 사람이라면 다음과 같은 방법을 따라 기도하는 것이 도움이 됩니다.

1) 찬양[22]과 감사
하나님에 대한 찬양과 감사로 기도를 시작합니다. 하나님에 대한 당신의 믿음과 사랑을 고백합니다. 그리고 나의 삶에서 감사해야 할 일은 하나님께 마음을 다해 감사를 표현해야 합니다.

> 마태복음 6:9 …하늘에 계신 우리 아버지여 이름이 거룩히 여김을 받으시오며

'저를 죄에서 구원해주신 하나님의 은혜를 찬양합니다.' '그리스도 안에서 생명 주심을 감사합니다.'라고 하나님께 찬양과 감사로 기도를 시작합니다. 하나님에 대한 당신의 믿음과 사랑을 고백하고 삶 가운데 감사할 일이 있다면 지나치지 말고 마음을 다해 하나님께 감사를 표현하십시오.

2) 고백
죄는 우리가 하나님께 기도할 때 가장 큰 방해물입니다. 자신의 내면과

---

22 찬양 아름다움이나 훌륭함 따위를 기리고 드높임.

삶을 돌아보고 생각나는 죄가 있다면 하나님께 그 죄를 정직하게 고백하고 용서를 구하십시오.

> 마태복음 6:12 우리가 우리에게 죄 지은 자를 사하여 준 것 같이 우리 죄를 사하여 주시옵고

만약 회개해야 할 죄가 생각나지 않는다면 성령께서 죄를 깨닫게 해주시도록 기도해야 합니다.

3) 중보[23]기도

당신의 가족이나 기도가 필요한 당신의 이웃을 위해 기도하십시오. 그리고 교회와 나라, 민족을 위해서도 기도하십시오.

> 디모데전서 2:1 …모든 사람을 위하여 간구와 기도와 도고와 감사를 하되

하나님께서는 우리가 다른 사람을 위하여 기도하는 것을 기뻐하시고 그 기도에 응답하십니다. 고통 받는 이웃이 있다면 하나님께서 그들을 도와주시도록 기도합니다. 특별히 주위에 불신자가 있다면 그들의 영혼 구원을 위해서 기도합니다. 그리고 기도의 영역을 넓혀서 교회와 나라, 민족과 세계를 위해서도 기도해야 합니다.

---

23 중보 적대적 관계나 시시비비가 있는 양자 사이에서 화해와 일치를 도모하는 일. 성경에서는 하나님과 인간 사이를 화목케 하고 화평을 가져오게 하는 일을 말한다.

4) 간구

자신에게 필요한 것을 솔직하게 하나님께 아뢰십시오. 욕심으로 구하는 것이 아니라면 무엇이든 기도할 수 있습니다.

> **빌립보서 4:19** 나의 하나님이 그리스도 예수 안에서 영광 가운데 그 풍성한 대로 너희 모든 쓸 것을 채우시리라

몸이 병들었다면 회복을 위해서 기도하고 마음이 불안하다면 평안을 주시도록 기도합니다. 새로운 일을 시작하려 한다면 그 일을 하나님께서 인도해주시도록 기도합니다. 욕심으로 구하는 것이 아니라면 무엇이든 기도할 수 있습니다.

5) 예수의 이름으로

모든 기도는 "예수님의 이름으로 기도합니다."라고 마칩니다. 이것은 예수님께 의지해서 기도한다는 것을 의미합니다.

> **요한복음 16:24** 지금까지는 너희가 내 이름으로 아무 것도 구하지 아니하였으나 구하라 그리하면 받으리니 너희 기쁨이 충만하리라

예수님의 이름으로 기도하는 것은 그 이상의 깊은 뜻이 있습니다. 우리가 구원받은 것도 우리가 기도할 수 있는 자격을 얻은 것도 예수님 때문입니다. 우리는 예수님을 믿고 의지할 때만 기도할 수 있습니다.

4. 응답받는 기도는 어떻게 하는 기도일까요?

많은 사람이 기도하면서도 기도의 응답을 받지 못합니다. 응답받는 기도의 원리를 알지 못하고 기도하기 때문입니다. 응답받는 기도는 어떻게 하는 기도일까요?

1) 하나님의 뜻대로 기도해야 합니다.

우리가 기도해도 응답받지 못하는 이유는 욕심대로 구하기 때문입니다(야고보서 4:3). 기도는 내 뜻을 이루는 도구가 아니라 하나님의 뜻을 이루는 도구입니다.

> 요한일서 5:14 그를 향하여 우리가 가진 바 담대함이 이것이니 그의 뜻대로 무엇을 구하면 들으심이라

하나님은 우리가 행복한 삶을 살기 원하십니다. 그러나 '하나님, 부자 되기 원합니다. 복권에 당첨되게 해주세요.' 하는 기도는 들어주시지 않는다는 것입니다. 기도는 하나님의 뜻을 이루는 도구이기 때문입니다. 이것이 미신적인 기도와 하나님께 드리는 기도를 구분하는 가장 큰 특징입니다.

예수님께서도 십자가를 지시기 전에 "나의 원대로 마시옵고 아버지의 원대로 하옵소서"(마가복음 14:36)라고 기도하셨습니다.

하나님을 기쁘시게 하려는 마음이 있다면, 하나님의 뜻대로 기도하는 것은 그렇게 어려운 일이 아닙니다. 하나님이 기뻐하시는 일들을 생각하며 기도하면 됩니다. 하나님 나라가 확장되기를 그리고 당신의 삶에 하나

님의 뜻이 이루어지기를 기도하면 됩니다. 하나님의 뜻을 따라 기도할 때 우리는 그 기도가 응답 된다는 확신을 가질 수 있습니다.

2) 믿음으로 기도해야 합니다.

믿음으로 기도한다는 것은 나의 문제를 하나님께 완전히 맡기고 염려하지 않는 것입니다.

> **마가복음 11:24** 그러므로 내가 너희에게 말하노니 무엇이든지 기도하고 구하는 것은 받은 줄로 믿으라 그리하면 너희에게 그대로 되리라

우리는 하나님께서 반드시 기도에 응답해주신다는 믿음을 가지고 기도해야 합니다. "믿음이 없이는 하나님을 기쁘시게 할 수 없다"고 했습니다(히브리서 11:6). 믿음 없이 드리는 기도 역시 하나님을 기쁘시게 할 수 없고 응답받을 수도 없습니다.

하나님께서 나의 기도에 응답하실 것을 믿으면 염려하거나 두려워하지 않게 됩니다. 믿음으로 기도하면 실제로 응답을 받기 전이라도 마음의 평안을 얻을 수 있습니다.

3) 간절히 기도해야 합니다.

기도할 때 정말 중요한 것은 마음을 쏟아서 기도했는가 하는 것입니다. 우리의 기도가 간절한 만큼 하나님의 응답은 가까이 있습니다.

사도행전 12:5 이에 베드로는 옥에 갇혔고 교회는 그를 위하여 간절히 하나님께 기도하더라

하나님께서는 마음이 없는 형식적인 기도에는 응답하시지 않습니다. 간절하다는 것은 큰 소리로 기도하는 것을 의미하지 않습니다. 얼마나 오랫동안 기도했는가를 의미하는 것도 아닙니다. 정말 중요한 것은 마음과 뜻과 정성을 다해 기도하는 것입니다. 우리가 간절히 기도할 때 하나님은 응답하십니다.

4) 다른 사람과 바른 관계를 맺어야 합니다.

다른 사람을 미워하거나 용서하지 못하는 마음은 기도 응답의 방해물입니다. 기도 응답을 원한다면 다른 사람을 먼저 용서하고 사랑하며 기도하십시오.

마가복음 11:25 서서 기도할 때에 아무에게나 혐의가 있거든 용서하라 그리하여야 하늘에 계신 너희 아버지께서도 너희 허물을 사하여 주시리라 하시니라

하나님께서는 우리가 다른 사람과 어떤 관계를 맺고 있는지를 중요하게 여기십니다. 다른 사람의 잘못을 용서하지 않으면서 어떻게 하나님의 용서를 바랄 수 있을까요? 다른 사람의 도움을 외면하면서 어떻게 하나님의 도움을 바랄 수 있을까요? 그럴 수 없습니다. 다른 사람과 바른 관계를 맺으십시오. 다른 사람을 먼저 용서하고 사랑하며 기도해야 합니다.

5) 포기하지 말고 꾸준히 기도해야 합니다.

우리가 구하는 것이 하나님의 뜻에 어긋나는 것이 아니라면 포기하지 말고 기도해야 합니다. 기도가 응답 되지 않는다고 낙심하지 말아야 합니다. 하나님께서는 가장 적절한 때에, 가장 좋은 것으로 우리 기도에 응답하실 것입니다.

누가복음 18:1 예수께서 그들에게 항상 기도하고 낙심하지 말아야 할 것을 비유로 말씀하여

하나님께서는 어떤 기도에는 우리가 기도한 대로 빨리 응답하십니다. 그러나 어떤 기도에는 '안 된다'고 응답하십니다. 안 된다는 것도 분명한 기도의 응답입니다. 우리에게 독(毒)이 되는 것은 우리가 아무리 간절히 기도해도 하나님께서 응답해주시지 않습니다. 어린아이가 칼을 달라고 하면 부모가 그것을 주지 않는 것과 마찬가지입니다.

오랜 시간이 지난 후에 응답하시는 것도 있습니다. 하나님의 특별한 계획이 있거나 우리에게 준비가 필요한 때입니다. 그러므로 하나님의 뜻대로 포기하지 말고 기도해야 합니다. 기도가 응답 되지 않는다고 낙심하지 말아야 합니다. 같은 기도를 백 번이고 천 번이고 해야 합니다. 1년이고 10년이고 인내하며 기도해야 합니다. 그러면 하나님께서는 가장 적절한 때에, 가장 좋은 것으로 응답하실 것입니다.

• 기도 응답의 종류: '그래'(Yes), '안 된다'(No), '기다려라'(Wait)

| TIP | 하나님께서는 우리의 기도에 세 가지 종류로 응답하신다는 것을 설명하고, 양육자 자신이 오랫동안 기도해서 응답받은 경험이 있다면 함께 나누십시오.

| 기도제목 |

| 6주차 양육자 점검리스트 |

☐ 양육일지 기록 ☐ 주 중에 문자나 전화로 심방하기
☐ 필독서 읽기 점검

07 _7주차
구원받은 성도는 말씀에 순종하는 삶을 살아야 합니다

성령께서는 구원받은 모든 사람의 삶을 인도하십니다. 그런데도 그리스도인이 영적 침체에 빠지는 원인은 성령의 인도하심에 순종하지 않았기 때문입니다. 신앙생활의 핵심은 하나님의 말씀에 순종하는 것입니다. 이 하나님의 말씀을 기록해 놓은 책이 성경입니다. 성경은 하나님을 만나 구원을 얻게 하고, 믿는 사람들을 온전하게 하여 하나님이 주시는 복을 누리며 살도록 하기 위해 기록되었습니다. 그러므로 성경을 읽고 배우는 것을 통해 하나님의 말씀을 듣고 순종할 수 있습니다.

| 핵심 요약 |

이과의 핵심 중 하나는 성경을 읽고 묵상하고 배우는 것입니다. 이것은 아무리 강조해도 지나침이 없습니다. 양육 대상자가 매일 성경 읽기와 묵상에 시간을 투자하도록 격려합니다. 다른 하나는 하나님의 음성을 듣는 것입니다. 하나님께서 기록된 성경을 통하여 말씀하시고 이외에도 여러 방법으로 말씀하십니다. 다양한 방법으로 말씀하시는 하나님의 음성에 귀 기울이며 살도록 안내합니다.

1. 구원받은 성도는 말씀으로 인도함을 받습니다.

1) 구원받은 성도는 예수님의 말씀을 듣고 인도함을 받습니다.

예수님은 하나님의 말씀입니다(요한복음 1:14). 말씀이신 예수님은 지금도 우리 안에 계시며 우리의 삶을 인도하십니다.

> **요한복음 10:27** 내 양은 내 음성을 들으며 나는 그들을 알며 그들은 나를 따르느니라

구원받은 성도는 예수님의 인도하심을 받습니다. 예수님께서 우리를 어떻게 인도하실까요? 말씀으로 인도하십니다. 예수님이 곧 하나님의 말씀이기 때문입니다. 말씀으로 인도함을 받는다는 것과 예수님의 인도하심을 받는다는 것은 같은 말입니다. 말씀이신 예수님은 지금도 우리 안에 계시고 우리의 삶을 인도하십니다.

2) 믿음은 하나님의 말씀을 들을 때 생깁니다.

하나님의 말씀은 사람의 마음과 영혼을 변화시키는 힘이 있기 때문입니다.

> **로마서 10:17** 그러므로 믿음은 들음에서 나며 들음은 그리스도의 말씀으로 말미암았느니라

믿음은 단순히 믿으려고 노력해서 얻을 수 있는 것이 아닙니다. 믿음은

하나님의 말씀을 듣는 중에 생깁니다. 하나님의 말씀은 사람의 마음과 영혼을 변화시키는 힘이 있기 때문입니다. 그러므로 큰 믿음을 가지려면 반복적으로 하나님의 말씀을 들어야 합니다.

3) 하나님의 말씀은 영혼의 양식입니다.

음식을 잘 먹어야 건강을 유지할 수 있는 것처럼 하나님의 말씀을 먹어야 우리 영혼이 살고 건강을 유지할 수 있습니다.

베드로전서 2:2 갓난 아기들 같이 순전하고 신령한 젖을 사모하라 이는 그로 말미암아 너희로 구원에 이르도록 자라게 하려 함이라

마태복음 4:4 … 사람이 떡으로만 살 것이 아니요 하나님의 입으로부터 나오는 모든 말씀으로 살 것이라 하였느니라 하시니

우리의 육신에 양식이 필요한 것처럼 우리의 영혼에도 양식이 필요합니다. 하나님의 말씀은 우리 영혼의 양식입니다.

하나님의 말씀을 많이 알고 깨달은 사람과 그렇지 않은 사람은, 그 영적 상태가 완전히 다릅니다. 하나님의 말씀을 많이 알고 깨달은 사람은 어떤 의심이나 시험에도 넘어지지 않습니다. 영이 건강하기 때문입니다.

2. 하나님의 말씀을 기록한 성경은 어떤 책일까요?

1) 온 세상의 시작과 종말에 대해 가르쳐줍니다.

성경은 세상이 언제, 어떻게 시작되었으며 어떻게 끝나게 될지 완벽하게 설명합니다.

창세기 1:1 태초에 하나님이 천지를 창조하시니라

마태복음 24:14 이 천국 복음이 모든 민족에게 증언되기 위하여 온 세상에 전파되리니 그제야 끝이 오리라

과학이 눈부시게 발달한 시대이지만, 사람들은 세상의 시작에 대해 잘 알지 못합니다. 그러나 성경은 하나님께서 말씀으로 천지를 창조하셨음을 보여줍니다.

세상은 언제까지 존재할까요? 아무도 알지 못합니다. 그러나 성경은 온 세상에 복음이 전파되고 예수님이 재림하실 때 세상의 종말이 온다고 말씀합니다.

2) 구원에 이르는 길을 가르쳐줍니다.

성경이 기록된 가장 중요한 목적은 우리의 구원입니다. 성경은 우리가 어떻게 구원받을 수 있는지, 구원받은 이후에 어떻게 살아야 하는지를 가르쳐줍니다.

요한복음 20:31 오직 이것을 기록함은 너희로 예수께서 하나님의 아들 그리스도이심을 믿게 하려 함이요 또 너희로 믿고 그 이름을 힘입어 생명을 얻게 하려 함이니라

성경이 기록된 목적은 사람들이 구원을 얻게 하기 위한 것입니다. 인간이 구원을 얻을 수 있는 길이 성경에 있습니다. 성경은 인간에게 '왜 구원이 필요한가? 하나님께서 인간을 구원하시기 위해서 어떤 일을 하셨는가? 어떻게 하면 구원을 얻을 수 있는가? 구원받은 이후에는 어떻게 살아야 하는가?'를 가르쳐줍니다. 구원에 이르는 방법과 지혜는 오직 성경을 통해서만 얻을 수 있습니다.

3. 구원받은 성도에게 영적인 침체가 오는 이유는 무엇입니까?

1) 예수 그리스도의 십자가를 분명히 믿지 않기 때문입니다.
십자가 외에 다른 방법을 찾으면 실패할 수밖에 없습니다.

예수님께서는 십자가에서 우리의 모든 문제를 해결하셨습니다. 모든 고통의 원인인 죄의 문제를 완전히 해결하셨고, 마귀의 권세를 파하셨습니다. 예수 그리스도의 십자가는 우리가 겪는 모든 문제의 완전한 답입니다. 그런데 사람들은 이 진리를 깨닫지 못하고 문제가 생기면 다른 방법과 해결책을 찾습니다. 이것이 신앙생활을 하면서도 영적인 침체가 오는 이유입니다.

2) 기도로 살지 않기 때문입니다.

기도하지 않으면 하나님께서 우리의 삶에 역사하실 수 없습니다.

기도는 전능하신 하나님께서 우리의 삶에 간섭하시고 역사하시게 하는 방법입니다. 그러므로 기도하지 않으면 하나님께서 우리의 삶에 역사하실 수 없습니다. 하나님의 도우심과 역사하심이 없는 삶이 실패하는 것은 너무나 당연한 일입니다.

3) 환난이나 어려움에 하나님의 뜻이 있음을 믿지 않기 때문입니다.

환난이나 어려움에 하나님의 복이 숨겨져 있는 경우가 많습니다.

예수 믿을 때 항상 좋은 일만 있는 것은 아닙니다. 환난이나 어려움을 만날 수 있으며 그것은 우리를 고통스럽게 합니다. 그러나 예수님을 믿는 사람이 겪는 환난이나 어려움에는 하나님이 주시는 복이 숨어있는 경우가 많습니다. 우리가 이것을 믿지 못하면 어려움을 당할 때 낙심하고 절망하게 됩니다.

4) 실수나 죄를 반복하기 때문입니다.

책망과 징계를 받으면서도 반복적으로 죄를 지으면 실패할 수밖에 없습니다.

하나님께서는 하나님의 자녀들이 죄 가운데 사는 것을 원하시지 않습니다. 그래서 죄를 지으면 책망도 징계도 하십니다. 책망과 징계를 받으면서도 돌아서지 않고 반복적으로 죄를 지으면 실패할 수밖에 없습니다.

5) 하나님의 말씀을 듣지 않고 그분의 인도하심을 받지 않기 때문입니다.

구약성경에 나오는 사울을 보면 하나님께 왕으로 택함을 받았지만 결국 실패했습니다. 하나님의 말씀에 순종하지 않았기 때문입니다.

> **역대상 10:13-14** 사울이 죽은 것은 여호와께 범죄 하였기 때문이라 그가 여호와의 말씀을 지키지 아니하고 또 신접한 자에게 가르치기를 청하고 여호와께 묻지 아니하였으므로 여호와께서 그를 죽이시고 …

하나님께서는 우리의 삶을 경건하고 복된 삶으로 인도하시기를 원합니다. 그러나 우리가 하나님의 말씀을 듣지 않으면 그분의 인도하심을 받을 수 없습니다. 사울도 하나님께 왕으로 택함을 받았으나 말씀에 순종하지 않았기 때문에 결국에는 실패하고 말았습니다.

4. 하나님의 음성은 어떻게 듣습니까?

1) 근본적으로 성령의 역사로 말씀하십니다.

하나님의 음성을 잘 들으려면 우리 안에 계신 성령께서 말씀하신다는 사실을 늘 의식하고 그 말씀에 귀를 기울여야 합니다.

구원받은 사람들 안에는 성령께서 계십니다. 성령께서는 우리 안에 계시면서 계속 말씀하십니다.

2) 양심을 통하여 책망의 말씀을 하십니다.

우리가 죄를 지을 때나 하나님의 뜻에 순종하지 않을 때, 양심을 통하여 책망의 말씀을 하십니다.

거듭난 사람은 일반적인 사람들보다 민감한 양심을 가지게 됩니다. 거듭난 사람의 양심은 하나님께서 말씀하시는 중요한 통로입니다. 양심의 소리에 귀를 기울여보십시오. 하나님의 음성을 들을 수 있게 될 것입니다.

3) 성경을 통하여 말씀하십니다.

하나님의 음성을 들으려면 성경을 읽고 묵상[24]해야 합니다. 양육이나 제자훈련을 통해 성경을 체계적으로 배워야 합니다.

성경은 하나님의 음성을 듣는 가장 정확한 통로입니다. 성경은 하나님의 완전한 말씀입니다. 더할 것도 뺄 것도 없습니다. 하나님께서 우리에게 들려주시고 싶은 모든 말씀을 기록해 놓은 것이 바로 성경입니다. 그러므로 하나님의 음성을 들으려면 성경을 읽고 묵상해야 합니다.

매일매일 성경을 읽고 묵상하는 습관을 갖도록 해야 합니다. 그러면 성

---

24 **묵상** 성경을 읽되 깊이 생각하며 읽는 것입니다. 일반적으로 QT(Quite Time)라고 부릅니다.

경 말씀이 단순한 기록이 아니라 오늘 나에게 말씀하시는 하나님의 음성으로 들릴 것입니다.

성경을 체계적으로 배워야 합니다. 양육이나 제자훈련, 성경공부 등을 통해 성경을 배우면 혼자 성경을 읽을 때 깨달을 수 없었던 진리도 깨달아 알 수 있게 됩니다.

4) 기도를 통하여 말씀하십니다.

기도하는 중에도 하나님의 말씀을 들으려는 자세가 필요합니다.

기도를 하나님으로부터 자신이 필요한 것을 얻는 수단쯤으로 생각하는 사람이 많습니다. 그러나 기도는 하나님과 교제하는 통로입니다. 우리는 기도할 때 하나님의 음성을 들을 수 있습니다.

성경에 보면 많은 사람이 기도하던 중에 환상을 보거나 하나님의 음성을 들었습니다. 그러므로 기도가 우리의 일방적인 외침이 되어서는 안 됩니다. 기도하는 중에도 하나님의 말씀을 들으려는 자세가 필요합니다.

5) 사람이나 환경을 통하여 말씀하십니다.

대화를 나누는 중에 말씀하시기도 하고, 우리가 어떤 문제에 대하여 고민하며 기도할 때 주변의 환경과 사건을 통해서 말씀하시기도 합니다.

하나님께서 말씀하시는 통로는 정말 다양합니다. 하나님께서는 다른 사람과 대화를 통해 말씀하시기도 하고, 주변의 환경과 사건을 통해서 말씀하시기도 합니다. 우리가 삶에서 겪는 실패나 고통도 하나님께서 우리에게 말씀하시는 음성일 때가 있습니다.

6) 하나님의 음성을 잘 들으려면 그분과 친밀한 관계를 유지해야 합니다.

하나님께서는 여러 가지 통로를 통하여 우리에게 끊임없이 말씀하십니다. 그러나 우리가 하나님의 음성으로 알아듣기 위해서는 하나님과의 친밀한 관계를 유지하고 있어야 합니다.

놀이터에서 여러 아이가 뛰어놀아도 자기 아이의 목소리는 금방 구별합니다. 아내나 남편의 전화 목소리도 금방 구별합니다. 무엇 때문일까요? 사랑하는 마음 때문입니다. 평소에 친밀한 교제가 있기 때문입니다.

하나님을 사랑하는 마음으로 그분과 친밀한 관계를 유지하면 순간순간 하나님의 음성이 들릴 것입니다.

7) 목회자의 영적 지도와 분별을 받아야 합니다.

우리가 어떤 음성을 들었다고 해서 그것이 다 하나님의 음성인 것은 아닙니다. 순전히 내 생각일 수도 있고 마귀의 미혹일 수도 있습니다.

우리가 어떤 중요한 결정을 내리기 전에는 목회자의 영적인 분별과 지도를 받을 필요가 있습니다.

8) 말씀에 순종할 것을 결단해야 합니다.

하나님께서 무엇을 말씀하시든지 순종하겠다는 결단이 있어야 하나님의 음성을 들을 수 있는 귀가 열립니다.

> 요한복음 7:17 사람이 하나님의 뜻을 행하려 하면 이 교훈이 하나님께로부터 왔는지 내가 스스로 말함인지 알리라

하나님의 음성을 듣기 위해서는 자신이 듣고 싶은 말씀이 아니라 하나님께서 말씀하시는 것을 들으려는 마음 자세가 있어야 합니다. 하나님께서 말씀하시는 것이 내가 원하는 것과 일치하면 순종하고 그렇지 않으면 순종하지 않겠다는 태도는 하나님의 음성을 들을 수 없게 만듭니다.

| TIP | 이 과가 끝난 후에 양육 대상자에게 세례 간증문 또는 양육 수료 간증문을 쓰도록 안내합니다(부록1 '간증문 작성 요령 및 예시' 참조). 세례를 받아야 하는 분이라면 목회자에게 세례 신청을 합니다.

| 기도제목 |

| 7주차 양육자 점검리스트 |

☐ 양육일지 기록　　　　　　　　　☐ 주 중에 문자나 전화로 심방하기
☐ 간증문 내용 작성 안내

08 _8주차
구원받은 사람은 구원받은 증거가 있습니다

구원받은 사람에게는 반드시 구원받은 증거가 있습니다. 이 증거를 알고 신앙생활을 하는 사람과 그렇지 않은 사람 사이에는 엄청난 차이가 있습니다. 예수님을 믿고 영접하면 예수님은 성령으로 우리 안에 찾아오십니다. 그러므로 자신 안에 성령께서 계신 사람은 구원받은 사람이고, 그렇지 않은 사람은 구원받지 못한 사람입니다. 우리는 이 증거를 스스로 확인할 수 있습니다.

| 핵심 요약 |

8과에서는 양육 대상자가 정말 세례 받을 만한 믿음이 있는지를 점검하게 됩니다. 예수님을 진심으로 영접한 사람은 비록 자신이 정확하게 알지 못할지라도 그 증거를 가지고 있습니다. 3번에 나오는 7가지 증거를 통하여 양육 대상자 안에 예수님이 계신지를 점검합니다. 말씀을 통하여 차근차근 자신의 영적인 상태를 점검할 수 있도록 도와줍니다.

1. 예수님은 구원받은 사람들 안에 성령으로 와 계십니다.

복음의 진리는 다음의 세 가지로 요약할 수 있습니다.

- 예수님께서 이 땅에 오셔서 우리 죄를 위하여 십자가에 달려 죽으셨습니다.
- 예수님께서 죽은 자들 가운데서 부활하시고 승천하셔서 하나님 우편에 앉아 계십니다.
- 부활하시고 승천하신 예수님은 모든 믿는 사람 안에 성령으로 오셨습니다.

고린도후서 13:5 너희는 믿음 안에 있는가 너희 자신을 시험하고 너희 자신을 확증하라 예수 그리스도께서 너희 안에 계신 줄을 너희가 스스로 알지 못하느냐 그렇지 않으면 너희는 버림 받은 자니라

예수 그리스도께서 구원받은 사람 안에 계신다고 말합니다.

고린도전서 3:16 너희는 너희가 하나님의 성전인 것과 하나님의 성령이 너희 안에 계시는 것을 알지 못하느냐

성령께서 우리 안에 계신다고 말합니다.
이것은 무엇을 의미합니까? 예수님께서 성령으로 구원받은 사람들 안에 찾아오셨음을 의미하는 것입니다.

2. 예수님이 성령으로 우리 안에 계신 것을 어떻게 알 수 있을까요?

1) 느낌이나 영적인 체험에 의존해서는 안 됩니다.

느낌이나 영적인 체험은 우리에게 도움을 줄 수도 있고, 우리를 속일 수도 있습니다.

어떤 사람들은 마음의 평안이나 방언과 같은 영적인 체험을 예수님께서 자신 안에 계신 증거로 생각합니다. 그러나 느낌이나 영적 체험은 도움을 주기도 하지만 우리를 속일 수도 있습니다.

어려운 일을 당해서 마음의 평안을 잃었다고 생각해보십시오. 그러면 그때는 예수님께서 떠나신 것일까요? 느낌이나 체험은 예수님께서 내 안에 계신데도 계시지 않은 것처럼 생각하게 만들 수 있다는 것을 기억해야 합니다.

2) 예수님이 우리 안에 계신 것을 말씀으로 확인해야 합니다.

말씀은 느낌이나 체험과는 달라서 예수님께서 우리 안에 계신지를 정확하게 분별할 수 있게 해줍니다.

예수님께서 우리 안에 계신 것을 가장 정확하게 아는 방법은 말씀을 통해 자신을 점검하는 것입니다. 말씀은 느낌이나 체험과는 달라서 예수님께서 우리 안에 계신지를 정확하게 분별할 수 있게 해줍니다. 말씀을 통해 예수님께서 내 안에 계신다는 것을 확인하면 우리는 언제, 어떤 상황 속에서도 예수님이 나와 함께하신다는 확신을 가질 수 있습니다.

3. 성령께서 당신 안에 계신지 말씀을 통해 확인하십시오.

우리는 다음과 같이 말씀에 의하여 성령께서 우리 안에 계신지 분별해 볼 수 있습니다.

1) 예수를 주[25](主)라 시인합니까?

성령이 계시지 않는다면 누구도 예수님을 주님이라고 고백할 수 없습니다.

고린도전서 12:3 … 성령으로 아니하고는 누구든지 예수를 주시라 할 수 없느니라

불신자들도 예수님을 '주님'이라고 따라 부를 수는 있으나 진심으로 예수님을 '주님'으로 고백할 수는 없습니다. 성령이 아니고서는 누구도 예수님을 주님이라고 고백할 수 없기 때문입니다. 만약 당신이 언제 어디서나 예수님을 주님이라고 고백할 수 있다면, 당신 안에 성령께서 계신 것입니다.

2) 하나님을 아버지라 부릅니까?

성령께서 내주하고 계신 사람들은 하나님을 아버지라고 부르며 기도합니다.

로마서 8:15-16 너희는 다시 무서워하는 종의 영을 받지 아니하고 양자의 영을

---

25 주(主) 나라 안의 모든 백성의 주인이라는 뜻으로, '하나님'이나 '예수님'을 이르는 말.

받았으므로 우리가 아빠 아버지라고 부르짖느니라 성령이 친히 우리의 영과 더불어 우리가 하나님의 자녀인 것을 증언하시나니

만약 당신이 하나님을 '아버지'라고 부르고 있다면 그것은 당신 안에 성령께서 계신다는 증거입니다. 성령을 받지 않은 사람들도 세상을 만든 조물주가 있다는 것은 인정할 수 있겠으나 하나님을 아버지라고 부를 수는 없습니다. 그들은 하나님의 자녀가 아니기 때문입니다. 하나님이 친근하게 느껴집니까? 기도할 때 하나님을 아버지라고 부르며 기도합니까? 그렇다면 성령께서 당신 안에 계신 것입니다.

3) 하나님의 은혜를 느낍니까?

성령은 우리를 거듭나게 하시는 분입니다. 하나님에 대하여 살아 있는 사람만이 하나님께서 주시는 은혜를 받고 반응할 수 있습니다.

고린도전서 2:12 우리가 세상의 영을 받지 아니하고 오직 하나님으로부터 온 영을 받았으니 이는 우리로 하여금 하나님께서 우리에게 은혜로 주신 것들을 알게 하려 하심이라

하나님께로 온 영(성령)을 받은 사람들은 하나님께서 주시는 은혜들을 깨닫습니다. 성령은 우리를 거듭나게 하시는 분입니다. 하나님에 대하여 살아 있는 사람만이 하나님께서 주시는 은혜에 반응할 수 있습니다.

예배 중에 말씀을 들으면서 '은혜롭다', '나를 위한 말씀'이라고 느낀 적이 있다면, 성령께서 당신 안에 계신다는 증거입니다.

찬양을 듣거나 부르면서 평안이나 기쁨을 얻는 것도 마찬가지입니다. 하나님께 감사한 마음이 든다면 그것 역시 성령께서 계신 증거입니다.

4) 사랑의 마음이 일어납니까?

예수님을 진심으로 영접하면 사랑의 마음이 생깁니다. 우리 안에 계신 성령께서는 사랑과 용서의 영(靈)이시기 때문입니다.

> 요한일서 4:12-13 어느 때나 하나님을 본 사람이 없으되 만일 우리가 서로 사랑하면 하나님이 우리 안에 거하시고 그의 사랑이 우리 안에 온전히 이루어지느니라 그의 성령을 우리에게 주시므로 우리가 그 안에 거하고 그가 우리 안에 거하시는 줄을 아느니라

누군가와 갈등을 겪을 때, 어렵지만 '용서해야지', '사랑해야지' 하는 마음이 생깁니까? 아니면 미워하는 마음과 복수할 마음만 생깁니까? 미워하는 마음, 복수할 마음만 생긴다면 예수님을 믿고 거듭난 사람인지 점검해야 합니다. 우리 안에 계신 성령께서는 사랑하고 용서하라고 말씀하실 것이기 때문입니다. 누군가를 사랑하고 용서해야 한다는 마음이 생긴다면 그것은 바로 성령께서 당신 안에서 역사하고 계신 증거입니다.

5) 성령의 근심을 느낍니까?

우리 안에 계신 성령은 우리가 하나님의 뜻대로 살지 못하거나 죄를 지을 때 근심하십니다. 그리고 우리는 그 근심하는 마음을 느끼고 깨닫게 됩

니다. 최근에 예배에 빠진 적이 있습니까? 그때 어떤 마음이었습니까?

> 에베소서 4:30 하나님의 성령을 근심하게 하지 말라 그 안에서 너희가 구원의 날까지 인치심을 받았느니라

예수님을 믿는 사람들은 죄를 지을 때 양심의 가책을 느끼고 후회하는 마음이 생깁니다. 불신자들이 전혀 느끼지 못하는 근심과 괴로움을 느끼게 됩니다. 예배에 빠지거나 기도 생활을 전혀 하지 못하면 마음이 불안해지거나 괴로움을 느낍니다. 그 이유는 하나님의 뜻대로 살지 못할 때 우리 안에 계신 성령께서 근심하시기 때문입니다.

6) 하나님의 일을 하고 싶은 소원이 생깁니까?

하나님과 교회를 위하여 무엇인가 해야겠다는 생각이 듭니까? 그렇다면 그것은 성령께서 당신 안에 계신다는 증거입니다.

> 빌립보서 2:13 너희 안에서 행하시는 이는 하나님이시니 자기의 기쁘신 뜻을 위하여 너희에게 소원을 두고 행하게 하시나니

불신자는 하나님의 존재를 인정하지 않습니다. 그들은 본성대로 하나님과 적대적인 관계에 있습니다. 따라서 불신자들은 하나님을 기쁘시게 하려는 마음을 전혀 갖고 있지 않습니다.

그러나 예수님을 믿고 영접한 사람에게는 새로운 소원이 생깁니다. 누가 시킨 것도 아닌데 하나님을 기쁘시게 하고자 하는 소원을 품습니다. 성

령께서 그와 같은 소원을 우리 마음에 주시기 때문입니다.

7) 전도할 마음이 생깁니까?

전도는 하나님이 가장 기뻐하시는 일입니다. 그러므로 성령께서 내주하는 사람에게는 전도하고 싶은 마음이 생깁니다.

마태복음 10:19-20 … 그 때에 너희에게 할 말을 주시리니 말하는 이는 너희가 아니라 너희 속에서 말씀하시는 이 곧 너희 아버지의 성령이시니라

성령께서 내주하는 사람에게는 전도하고 싶은 마음이 생깁니다. 전도는 하나님이 가장 기뻐하시는 일이기 때문입니다. 예수님을 믿지 않는 가족이나 친구, 직장 동료에게 전도하고 싶은 마음이 생긴 적이 있습니까? 실제로 전도해본 적이 있습니까? 그와 같은 마음이 들었다면 그것은 당신 안에 성령께서 계신다는 증거입니다.

4. 당신 안에 예수님이 계십니까?

앞에 언급한 7가지 증거가 모두 있을 수도 있고 몇 개만 있을 수도 있습니다. 분명한 것은 말씀을 통해 자신의 마음을 진실하게 살피면 예수님께서 자신 안에 계신지 아닌지 알 수 있습니다. 다음 표를 보고 내 안에 어떤 성령의 증거가 있는지 표시한 후 최종적인 결론을 내리십시오.

성령께서 내 안에 계신 증거	나의 상태	
	예	아니오
예수님을 주라 시인합니까?		
하나님을 아버지라 부릅니까?		
하나님의 은혜를 느낍니까?		
사랑의 마음이 일어납니까?		
성령의 근심을 느낍니까?		
하나님의 일을 하고 싶은 소원이 생깁니까?		
전도할 마음이 생깁니까?		
예수님이 당신 안에 계십니까?		

| TIP | 점검 결과 양육 받는 분 안에 예수님께서 계신다는 것이 확인되면, 예수님과 더 친밀한 교제를 나누며 살아가도록 격려해줍니다. 반대로 예수님께서 양육 받는 분 안에 계신다는 증거가 전혀 없다면 1과의 내용으로 되돌아가서 다시 다루어줍니다. 양육은 빨리 끝내는 것이 중요한 것이 아니라 양육 대상자가 예수님을 믿고 영접하도록 인도하는 것이 중요합니다.

| 기도제목 |

| 8주차 양육자 점검리스트 |

☐ 양육일지 기록
☐ 간증문 작성 점검
☐ 주 중에 문자나 전화로 심방하기

09 _9주차
구원받은 사람은 믿음으로 살아야 합니다

구원받은 사람을 그리스도인이라 부릅니다. 그렇다면 그리스도인은 무엇을 믿는 사람일까요? 그리스도인들은 어떤 사상이나 교리의 체계를 믿는 것이 아닙니다. 기독교의 믿음에는 분명한 대상이 있는데 그 믿음의 대상이 바로 예수 그리스도입니다.

교회에 다니는 사람들은 누구나 자신이 예수님을 믿는다고 생각합니다. 그러나 진짜 예수님을 믿는지 점검해야 합니다.

'마음에 염려와 두려움이 다 사라졌습니까?'

예수님을 믿는다고 말하는데 여전히 염려와 두려움의 문제가 해결되지 않은 사람이 많습니다. 예수님을 올바르게 믿지 못하고 있다는 증거입니다.

| 핵심 요약 |

9과는 믿음으로 살고 있는지를 점검하고, 왜 믿음으로 살아야 하는지를 깨닫게 하는 것이 중요합니다. 그리고 온전히 믿음 안에 서기 위해 24시간 예수님을 바라보며 예수동행일기를 쓰는 훈련을 할 수 있도록 권면해야 합니다. 예수동행일기를 통해 예수님이 나와 동행하고 계심을 점검하도록 해주어야 합니다.

1. 왜 믿음으로 살아야 할까요?

사람마다 삶의 방식이 있습니다. 세상 사람들도 그리스도인도 각자 삶의 방식이 있습니다. 세상 사람들은 육체적인 감각에 의존해서 살아갑니다. 그러나 그리스도인들은 믿음이라는 영적인 감각에 의존해서 살아갑니다.

사도 바울은 이렇게 말했습니다.

"오직 의인은 믿음으로 말미암아 살리라"(로마서 1:17)

1) 하나님의 모든 은혜는 믿음으로 받기 때문입니다.

많은 그리스도인이 구원은 믿음으로 받고 다른 것들은 노력해서 받는 줄로 생각합니다. 그러나 하나님께서 주시는 모든 은혜와 복은 믿음을 통해서만 받습니다.

> 마태복음 8:17 이는 선지자 이사야를 통하여 하신 말씀에 우리의 연약한 것을 친히 담당하시고 병을 짊어지셨도다 함을 이루려 하심이더라

구원에 대한 믿음은 가지고 있지만 치유하심에 대한 믿음이 없어서 치유함을 받지 못하는 이들이 있습니다. 그러나 우리의 병을 대신 지시고 치유하시는 예수 그리스도에 대한 약속의 말씀을 붙잡으면 치유의 은혜를 누리게 됩니다.

세상에서 승리하는 삶도 약속해 주셨습니다. 그 약속의 말씀을 붙잡고 믿을 때 우리는 하나님께서 약속하신 은혜들을 실제로 누릴 수 있게 되는 것입니다.

2) 믿음으로 살아야 하나님이 세상에 증거 되기 때문입니다.

우리가 믿음으로 순종하면 하나님께서는 우리를 통해 자기의 일을 행하십니다. 우리는 대부분 하나님께 순종하기보다는 돈이나 능력 등을 더 중요하게 생각하여 일을 처리할 때가 많습니다. 그것이 바로 우리가 삶에서 하나님의 역사를 경험할 수 없도록 만드는 이유입니다.

우리가 믿음으로 사는 사람인지를 가장 잘 드러내 보여주는 것이 얼굴 표정과 분위기입니다. 내 안에 계신 예수님을 알고 믿으면 우리의 얼굴표정과 분위기가 달라집니다. 우리와 함께 계신 예수님을 정말 믿으면 어려운 상황 가운데 있더라도 얼굴에 평온함과 기쁨이 나타납니다. "어디 믿는 데가 있나 봐요!"라는 말처럼 정말 믿는 데가 있기 때문입니다.

2. 어떻게 하면 큰 믿음을 가질 수 있을까요?

그리스도인이라면 누구나 큰 믿음을 가지고 싶어 합니다. 그러나 원한다고 누구나 다 큰 믿음을 가질 수 있는 것은 아닙니다. 믿음은 하나님께서 우리에게 주시는 놀라운 은혜이고 선물입니다. 믿음을 선물로 받기 위해서는 우리 안에 다음과 같은 몇 가지 일이 일어나야 합니다.

1) 믿음으로 살지 못했음을 회개해야 합니다.

많은 사람이 주님을 믿는다고 하면서도 사실은 돈이나 사람을 더 의지합니다. 그것이 하나님께서 우리의 삶에서 침묵하실 수밖에 없는 이유입니다. 그러므로 큰 믿음을 가지려면 자신이 믿음으로 살지 못했던 것부터 회개해야 합니다.

2) 믿음은 말씀 위에 뿌리를 내려야 합니다.

로마서 10:17 그러므로 믿음은 들음에서 나며 들음은 그리스도의 말씀으로 말미암았느니라

그리스도인의 믿음은 신념(信念)과는 완전히 다릅니다. 자기의 생각이나 꿈이 이루어질 것을 믿는 것이 신념이라면 그리스도인의 믿음은 하나님 말씀을 믿는 것입니다. 그러므로 하나님 말씀을 자주 읽고, 듣고, 묵상하는 것은 아무리 강조해도 지나치지 않습니다. 거기에서 올바르고 흔들리지 않는 믿음이 생겨나기 때문입니다.

3) 말 한마디도 믿음으로 해야 합니다.

민수기 14:28 그들에게 이르기를 여호와의 말씀에 내 삶을 두고 맹세하노라 너희 말이 내 귀에 들린 대로 내가 너희에게 행하리니

하나님께서 귀에 들린 대로 행하신다는 말씀은 불신의 말을 한 사람들에게는 저주입니다. 불신의 말을 한 사람들은 하나님께서 말씀하신 대로 결국 약속의 땅에 들어가지 못하고 광야에서 죽었습니다. 오직 믿음으로

말한 여호수아와 갈렙만 약속의 땅에 들어갔습니다.

3. 24시간 예수님을 바라봐야 합니다.

1) 항상 예수님 바라보기를 힘써야 합니다.

히브리서 12:2 믿음의 주요 또 온전하게 하시는 이인 예수를 바라보자 그는 그 앞에 있는 기쁨을 위하여 십자가를 참으사 부끄러움을 개의치 아니하시더니 하나님 보좌 우편에 앉으셨느니라

히브리서 12장 2절 앞부분을 《새번역성경》에서는 "믿음의 창시자요 완성자이신 예수를 바라봅시다."라고 번역하고 있습니다. 우리 안에서 믿음을 창조하시는 분도 예수님이시고 그것을 완성하실 분도 예수님이시라는 뜻입니다. 그렇기 때문에 우리가 예수님을 바라봐야 한다는 것입니다.

예수님께서 우리 안에 오셨다는 것을 정말 믿는다면, 항상 예수님을 바라보고 사는 것이 정상입니다. 그러나 많은 그리스도인이 하루에 한 번도 예수님을 생각하지 않습니다. 주일날 교회에 와서 예배드릴 때는 주님을 생각합니다. 하지만 예배가 끝나고 교회를 나가는 순간, 마치 전기 스위치가 꺼지는 것처럼 주님에 대한 의식도 꺼져버립니다. 그렇게 살다가 주일에 와서 예배를 드리며 잠시 주님을 생각합니다. 그러고는 다시 주님을 잊어버립니다. 문제가 있을 때는 주님을 바라보지만 문제가 사라지면 주님에 대한 의식도 사라집니다.

2) 24시간 예수님을 바라보는 가장 좋은 방법은 예수동행일기를 쓰는 것입니다.

예수님을 의식하는 일기를 쓰는 것입니다. 교회사를 보면 아우구스티누스, 존 웨슬리, 조나단 에드워즈, 데이비드 브레이너드 등 영적인 거장들도 모두 일기를 썼습니다. 일기를 쓰면서 주님을 바라보며 교제했던 것입니다.

예수동행일기는 아침에 일어날 때부터 잠들 때까지 하루 동안 얼마나 예수님을 의식하고 살았는지 점검해 보는 것입니다. 처음 예수동행일기를 쓸 때에는 예수님을 생각하고 살지 못했다는 것을 깨닫게 됩니다.

그러나 예수동행일기를 꾸준히 쓰다 보면 예수님을 바라보는 눈이 열리고, 예수님을 생각하는 시간이 많아지게 될 것입니다.

예수님이 우리 안에 오신 것은 우리와 동행하기 원하시기 때문입니다. 우리보다 예수님이 더 원하십니다. 예수동행일기를 쓰면 예수님과 친밀한 동행을 시작하게 됩니다.

3) 예수님을 바라보면 삶이 바뀝니다.

예수님이 실제로 내 눈앞에 계신다면 죄짓고, 혈기 부리고, 걱정하고 염려할 사람이 누가 있습니까? 주님을 바라보는 삶을 통해 예수님의 임재가 실제가 되면 그렇게 끊어지지 않던 습관적인 죄가 끊어집니다. 자신도 다스리기 어려웠던 마음의 혈기와 분노가 다 사라집니다. 습관처럼 따라다니는 걱정과 염려가 없어집니다.

어려운 상황과 여건이 달라지지 않아도 감사하고 기뻐할 수 있게 됩니다. 이것이 믿음으로 사는 사람이 누리는 복입니다.

4. 염려가 맡겨질 때까지 예수님을 바라봐야 합니다.

많은 성도가 자신도 의식하지 못한 채 염려를 붙잡고 살아갑니다. 염려가 왜 문제인지 모르기 때문입니다. 염려한다는 사실 때문에 문제가 해결된다면 얼마나 좋겠습니까? 그러나 염려는 삶의 문제를 해결하는 데 아무런 도움이 못 됩니다.

1) 염려는 하나님과의 관계를 깨뜨립니다.

마태복음 6:27 너희 중에 누가 염려함으로 그 키를 한 자라도 더할 수 있겠느냐

마음에 생활의 염려가 가득한 사람은 아무리 은혜로운 말씀을 들어도 소용없습니다. 말씀을 들어도 그것이 삶의 열매로 이어지지 못합니다. 신앙생활을 10년, 20년을 해도 신앙이 성숙해지지 못합니다. 염려가 우리 안에 말씀이 뿌리를 내리고 자라는 것을 가로막기 때문입니다(마태복음 13:22).

염려는 그리스도인으로 하여금 하나님 나라에 집중하지 못하게 하는 사탄의 전략입니다.
그리스도인은 많은데 하나님 나라를 위하여 헌신하는 사람은 적습니다. 생활의 염려에 사로잡혀 살기 때문입니다.

2) 염려를 주님께 맡겨야 합니다.

많은 사람이 염려를 내려놓으려고 애를 씁니다. 그러나 노력한다고 염려하지 않을 수 있는 것은 아닙니다. 노력해서 염려하지 않을 수 있다면 아예 처음부터 염려할 필요가 없었을 것입니다.

> 베드로전서 5:7 너희 염려를 다 주께 맡기라 이는 그가 너희를 돌보심이라

염려를 해결하는 길은 주님께 염려를 맡기는 것뿐입니다. 우리와 함께 하시는 주님을 믿는 만큼 우리는 주님께 염려를 맡길 수 있습니다. 빛이 임하면 어둠이 사라지듯이 믿음이 임하면 마음 안에 있던 염려가 사라지게 됩니다. 그러나 이 믿음은 그냥 생기지 않습니다. 믿음은 우리가 예수님을 바라볼 때 생기는 것입니다(히브리서 12:2).

우리가 예수님을 바라볼수록 믿음은 더 커지고, 우리의 믿음이 커질수록 염려는 점점 줄어듭니다. 예수님을 바라보는 만큼 염려가 주님께 맡겨지는 것입니다. 염려가 떠나가기까지 주님을 바라봐야 합니다.

| TIP | 예수동행일기 앱이나 사이트(jwj.kr)에 회원가입을 할 수 있도록 도와주고 양육 대상자와 함께 나눔방을 만들어 오늘부터 일기를 쓰도록 안내합니다. 예수님과의 동행은 한 번의 경험이 아니라 꾸준히 훈련을 통해 이루어짐을 강조합니다.
- 유튜브 〈예수동행운동〉 채널의 '예수님과 동행하는 행복한 30일' 영상훈련을 소개하고, 30일 동안 매일 아침 영상을 볼 수 있도록 권면합니다.

| 기도제목 |

　

　

　

　

　

　

| 9주차 양육자 점검리스트 |

☐ 양육일지 기록
☐ 필독서 읽기 점검
☐ 예수동행일기 가입

☐ 주 중에 문자나 전화로 심방하기
☐ 간증문 제출 안내

10 _10주차
구원받은 성도에게는 사명이 있습니다

교회는 왜 이 땅에 존재할까요? 나는 왜 이곳에 존재할까요? 사명이 있기 때문입니다. 그 사명은 바로 예수 그리스도의 복음을 전하는 일입니다. 전도[26]는 하나님께서 우리를 구원하신 목적이며 하나님께서 가장 기뻐하시는 일입니다. 우리가 이 일에 헌신할 때 실제로 하나님의 복을 누리는 삶을 살 수 있습니다.

| 핵심 요약 |

많은 사람이 전도를 어렵게 생각합니다. 전도는 은사를 받은 사람만이 하는 것으로 생각하는 경우가 많습니다. 그러나 전도는 모든 그리스도인을 향한 하나님의 뜻이요, 준엄한 명령입니다. 전도를 어렵게 생각하게 만드는 오해에 대해 잘 설명해주어야 합니다. 전도는 내가 하나님께 받아 누리고 있는 은혜와 복을 간증하는 것입니다.

---

26 전도 교리를 믿지 않는 사람이 신앙을 가지도록 인도하는 일.

1. 왜 전도해야 할까요?

1) 전도는 예수님의 명령이기 때문입니다.

그리스도인들은 가장 위대한 명령을 받은 사명자입니다. 그리스도인의 또 다른 이름은 전도자입니다.

> 마태복음 28:19-20 그러므로 너희는 가서 모든 민족을 제자로 삼아 아버지와 아들과 성령의 이름으로 세례를 베풀고 내가 너희에게 분부한 모든 것을 가르쳐 지키게 하라 볼지어다 내가 세상 끝날까지 너희와 항상 함께 있으리라 하시니라

부활하신 예수님께서는 승천하시기 전에 제자들에게 복음 전할 것을 명령하셨습니다. 어떤 사람은 '전도왕'같이 특별한 사람들만 전도할 수 있다고 생각합니다. 그러나 '복음을 전하라'는 명령은 전도에 은사가 있는 사람들에게만 주어진 명령이 아닙니다. 예수 그리스도를 믿는 모든 사람에게 주어진 명령입니다. 전도는 예수님께서 우리에게 주신 가장 위대한 명령입니다.

2) 전도는 하나님이 가장 기뻐하시는 일이기 때문입니다.

하나님께서 가장 기뻐하시는 일은 불신자가 예수 그리스도를 영접하고 구원을 얻는 것입니다.

그러므로 전도는 하나님을 가장 기쁘시게 하는 일입니다.

> 누가복음 15:7 내가 너희에게 이르노니 이와 같이 죄인 한 사람이 회개하면

하늘에서는 회개할 것 없는 의인 아흔아홉으로 말미암아 기뻐하는 것보다 더하리라

하나님께서는 모든 사람이 멸망하지 않고 구원받기를 원하십니다(디모데전서 2:4). 하나님께서 가장 기뻐하시는 일은 불신자가 예수 그리스도를 영접하고 구원을 얻는 것입니다.

만약 당신이 자녀를 잃어버렸다고 생각해보십시오. 그리고 오랜 시간이 지난 후에 잃어버렸던 자녀를 찾았다고 생각해보십시오. 그 감격이 얼마나 크겠습니까? 하나님께서는 불신자 한 사람이 회개하고 자신의 품으로 돌아오는 것을 그렇게 기뻐하십니다. 전도는 우리가 하나님을 위해 할 수 있는 최고의 일입니다.

3) 전도는 우리가 다른 사람을 위해 할 수 있는 가장 좋은 일이기 때문입니다.

전도는 지옥에 갈 사람을 천국에 갈 수 있도록 도와주는 것입니다. 천국이 정말 좋은 곳이라고 믿는다면 혼자 가면 안 됩니다.

누가복음 16:27-28 … 아버지여 구하노니 나사로를 내 아버지의 집에 보내소서 내 형제 다섯이 있으니 그들에게 증언하게 하여 그들로 이 고통 받는 곳에 오지 않게 하소서

아무리 세상에서 좋은 것을 많이 누렸다 할지라도 결국 지옥에 간다면 그는 불행한 사람입니다. 반대로 세상에서 조금 부족한 듯 살았는데 천국에 간다면 그는 행복한 사람입니다.

한 사람이 이 세상과 천국에서 가장 행복한 삶을 살 수 있도록 도와주는 것이 전도입니다. 천국에서 '당신이 전해준 복음 때문에 천국에 올 수 있었다.'는 말을 듣는다면 얼마나 감격스러울까요?

4) 전도는 우리 자신이 복 받는 길이기 때문입니다.

하나님께서는 전도자에게 복을 주십니다. 하나님께서 가장 기뻐하시는 일을 하는 사람이기 때문입니다. 무엇보다도 전도자가 누리는 가장 큰 복은 전도를 통하여 하나님을 체험하게 된다는 것입니다.

> **누가복음 10:17** 칠십 인이 기뻐하며 돌아와 이르되 주여 주의 이름이면 귀신들도 우리에게 항복하더이다

'내가 복음을 전한다고 사람들이 예수를 믿을까?' 하는 생각이 들지만 실제로 전도를 해보면 복음의 능력이 나타나서 사람들이 예수님을 영접하는 것을 보게 됩니다.

또 전도를 위해 기도하다 보면 영적인 전쟁에도 눈뜨게 되고, 하나님의 능력이 나타나는 것도 경험할 수 있게 됩니다. 다른 사람에게 복음을 전할 때 우리가 살아 있는 신앙생활을 할 수 있게 됩니다.

2. 전도란 무엇일까요?

많은 사람이 전도를 어렵게 생각합니다. 전도에 대한 올바른 이해가 없

기 때문입니다.

그렇다면 전도란 무엇일까요?

1) 전도(傳道)는 인도(引導)와 다릅니다.

어떤 사람들은 불신자를 교회로 데려오는 것을 전도라고 생각합니다. 그러나 불신자를 교회로 데려오는 것은 전도가 아니라 '인도'입니다. 전도란 말 그대로 '복음을 전하는 것'입니다.

"예수님께서 우리의 죄를 대신해서 십자가에 달려 죽으시고 부활하셨습니다. 누구든지 예수님을 영접하면 죄 사함을 받고 구원을 얻습니다. ○○님도 예수님을 영접하시고 구원의 복을 받으십시오."

이렇게 복음의 내용을 정확하게 전달하는 것이 전도입니다.

2) 전도는 구원의 복을 증거(간증[27])하는 것입니다.

전도는 어려운 말로 다른 사람을 설득하는 것이 아닙니다. 우리가 예수 그리스도 안에서 누리는 구원의 복을 증거 하는 것입니다. 그런 의미에서 간증은 가장 좋은 전도 방법입니다.

사도행전 1:8 오직 성령이 너희에게 임하시면 너희가 권능을 받고 예루살렘과 온 유대와 사마리아와 땅 끝까지 이르러 내 증인이 되리라 하시니라

---

27 **간증** 자기의 신앙생활에서 얻은 특별한 종교적 체험을 고백함.

어떤 사람들은 전도를 어렵게 생각합니다. 전도는 말을 잘해야 할 수 있다고 생각합니다. 그러나 전도는 어려운 말로 다른 사람을 설득하는 것이 아닙니다. 예수님께서는 예수 믿는 사람들에게 '증인'이 되라고 말씀하셨습니다. 증인은 자신이 보고 듣고 경험한 것을 다른 사람에게 전하는 사람입니다.

고치기 어려운 병에 걸렸었는데 어떤 약을 먹고 나았다고 생각해보십시오. 똑같은 병에 걸린 사람을 만난다면 기쁜 마음으로 그 약에 대해 말하지 않겠습니까? 전도란 바로 그와 같은 것입니다. 복음의 내용과 함께 자신이 누리고 있는 구원의 복을 간증하면 효과적으로 전도할 수 있습니다.

3. 간증은 다음과 같이 준비하십시오.

1) 간증의 초점은 예수님이어야 합니다.

간증의 목적은 예수님과 예수님께서 하신 일을 드러내는 것입니다. 어떤 간증을 하든지 그 간증의 중심에는 예수님이 계셔야 합니다.

2) 다음의 세 부분으로 간증을 준비합니다.

첫째, 예수님을 영접하기 전의 삶

하나님을 떠나 살던 시절의 외적인 상태나 심리적인 상태가 잘 드러나야 합니다. 외로움, 두려움, 죽음의 생각, 사람들과의 갈등이나 인생에서의 실패와 고통 등을 언급하되, 추상적이지 않고 구체적이어야 합니다.

둘째, 예수님을 영접하게 된 상황과 신앙고백

당신에게 예수님을 영접하게 된 구체적인 상황이 있을 것입니다. 어떤 계기로 예수님을 영접하게 되었는지 그 과정과 당신 안에 있는 그리스도에 대한 믿음의 고백을 함께 나눕니다.

셋째, 예수님을 영접한 이후의 변화된 삶

예수님을 영접한 이후 삶에 어떤 변화가 있었는지를 나눕니다. 구원을 얻기 이전의 어둡고, 불안하고, 고통스러웠던 삶의 모습이 어떻게 변화되었는지를 구체적으로 나타냅니다. 또 당신이 가지고 있는 구원의 확신과 그리스도에 대한 헌신을 함께 나눕니다.

3) 진실한 간증을 해야 합니다.
가장 강력한 간증은 진솔한 간증임을 명심하십시오.

구원의 감격을 최대한 드러내어 전합니다. 그러나 간증을 드라마틱하게 만들기 위해 내용을 과장해서는 안 됩니다. 과장하는 것은 하나님이 기뻐하시지 않을 뿐만 아니라 간증을 듣는 사람도 그것을 느끼기 쉽습니다.

4. 전도하기 전에 꼭 기억하십시오.

1) 하나님께서 전도자와 함께 계신 것을 확신해야 합니다.
전도하러 가는 길에 주님이 함께 가시며, 전도하는 장소에도 하나님께서 함께 계심을 알아야 합니다.

> **마태복음 28:20** 내가 너희에게 분부한 모든 것을 가르쳐 지키게 하라 볼지어다 내가 세상 끝날까지 너희와 항상 함께 있으리라 하시니라

하나님께서는 전도자와 함께하십니다. 전도하기 위해 입을 열 때 역사하시는 분도 하나님이십니다. 이것을 확신할 때 전도 현장에서 살아 계신 하나님을 경험할 수 있습니다.

2) 전도 대상자를 위해 기도해야 합니다.
마귀가 불신자들을 사로잡아 하나님을 알지 못하게 하고 복음을 믿지 못하게 하기 때문입니다.

> **고린도후서 4:4** … 이 세상의 신이 믿지 아니하는 자들의 마음을 혼미하게 하여 그리스도의 영광의 복음의 광채가 비치지 못하게 함이니 …

전도는 기도하는 일로부터 시작되어야 합니다. 전도 대상자를 사로잡고 있는 마귀를 대적하며 기도합니다. 그가 영적인 묶임에서 풀리고 마음의 문을 열어 예수님을 영접할 수 있도록 기도합니다.

"○○○를 사로잡고 있는 악한 영은 예수 그리스도의 이름으로 떠나가라!"

"성령께서 ○○○의 마음을 열어주시고 예수님을 영접할 수 있도록 도와주소서!"

"○○○에게 복 주시고 하나님이 쓰시는 인생이 되게 해주소서!"

위와 같이 전도 대상자를 위해 기도합니다.

3) 전도 대상자를 사랑으로 섬겨야 합니다.

'전도하라'는 말은 '사랑하라'는 말과 같습니다. 영혼을 사랑하기 때문에 전도해야 하고, 전도하려면 전도 대상자를 사랑해야 합니다.

베드로전서 3:1 아내들아 이와 같이 자기 남편에게 순종하라 이는 혹 말씀을 순종하지 않는 자라도 말로 말미암지 않고 그 아내의 행실로 말미암아 구원을 받게 하려 함이니

성급하게 전도하기 전에 먼저 전도 대상자를 사랑으로 섬겨야 합니다. 사랑으로 섬긴다는 것은 당신이 가지고 있는 것을 나누는 것입니다. 그것은 시간일 수도 있고 물질일 수도 있고 당신이 가지고 있는 힘과 노력일 수도 있습니다.

당신 안에서 사랑을 발견할 때 전도 대상자는 당신을 신뢰하게 되고, 당신이 전하는 복음에 귀를 기울일 것입니다.

4) 성령으로 충만함을 받아야 합니다.

성령으로 충만해지면 복음을 전하는 것이 어렵지 않게 느껴집니다. 그러므로 먼저 성령충만을 위해 기도해야 합니다.

사도행전 1:8 오직 성령이 너희에게 임하시면 너희가 권능을 받고 예루살렘과 온 유대와 사마리아와 땅 끝까지 이르러 내 증인이 되리라 하시니라

전도하려면 성령으로 충만해야 합니다. 성령으로 충만하면 복음에 대한 확신으로 전도하고자 하는 열정이 생깁니다. 누구를 만나도 위축되지 않고 담대하게 복음을 전할 수 있게 됩니다. 예수님의 제자들도 성령으로 충만해졌을 때 자신들을 죽이려고 하는 사람들을 두려워하지 않고 복음을 전했습니다.

성령 충만을 간절히 사모하십시오. 전도하기 위해 성령의 충만함을 달라고 기도할 때, 하나님께서는 반드시 응답하실 것입니다.

| TIP | 양육 대상자에게 전도할 사람이 있는지 물어보고, 사랑의 마음으로 다가갈 수 있도록 안내해줍니다. 또 자신이 전도할 때 전할 간증을 스스로 적어보도록 점검해줍니다.

| 기도제목 |

| 10주차 양육자 점검리스트 |

☐ 양육일지 기록
☐ 양육과정 수료 일정 안내
☐ 예수동행일기 점검-소그룹 나눔방으로 안내
☐ 주 중에 문자나 전화로 심방하기
☐ 어려운 점은 없는지 확인

부록1: 간증문 작성 요령 및 예시

양육 7주차가 되면 간증문을 쓸 수 있도록 안내합니다.

간증문을 작성하면서 다시 한 번 자신의 믿음을 점검하고, 정리된 내용을 하나님과 교우들 앞에서 읽음으로써 믿음을 확신하는 복된 시간이 될 것입니다. 처음 예수님을 믿고 영접한 새가족에게 정확한 구원의 확신이 있다면 세례 받을 것을 권합니다.

1. 양육수료 간증문의 기본 내용

- 교회에 나오게 된 동기와 배경은 무엇입니까?
- 구원에 대한 확신과 죄 사함에 대한 확신이 있습니까?
- 예수님이 내 안에 계시고 나와 동행하심에 대한 확신이 있습니까?
- 10주 양육을 받으면서 몇 과에서 가장 은혜가 있었습니까? 또 어떤 깨달음이 있었습니까?
- 천국에 대한 소망이 분명합니까?
- 양육 전후를 비교했을 때 변화된 부분들에 대하여 적어주십시오.

2. 세례 간증문의 기본 내용

- 교회에 나오게 된 동기와 배경은 무엇입니까?
- '죄 사함을 받았다'는 믿음이 생긴 때는 언제입니까?
- 구원에 대한 확신이 있습니까?
- 천국에 대한 소망이 분명합니까?
- 양육 전후를 비교했을 때 변화된 부분은 무엇입니까?
- 믿음의 결단 및 선언을 적어주십시오.

양육 수료 간증문의 예

○○○ 성도

40년 넘게 무신론자로 살아오다가, 어떤 계기를 통해 하나님을 만나게 되었습니다. 하나님의 살아계심이 의심되지 않고 하나님을 바라보는 삶을 살아야겠다는 뜨거운 마음이 있었지만, 동시에 마음 한 구석에서는 불신자 때부터 가지고 있던 기독교에 대한 쉽게 풀리지 않는 질문들이 존재했습니다. 주일 예배에 참석하며 찬송도 익숙해지고, 말씀을 읽으며 성경에 대해서 이해가 생기니까 기독교의 교리에 조금씩 이해가 되었지만, 여전히 풀리지 않는 질문들이 있었습니다.

왜 내가 죄인이라고 하는지, 인간은 자유의지가 있는데 왜 순종을 해야 하는지, 마귀와의 영적 전쟁이라는 말이 미신과 뭐가 다른지와 같은 질문들이 있었고 이런 의문들이 쉽게 해결되지 않았습니다. 여러 생각이 마음에 있는 와중에 위례로 이사를 오게 되었습니다. 전부터 아내와 목사님의 설교를 들었었고, 늦깎이 신자로 믿음을 함께할 공동체를 소망해왔기에 기대를 가지고 ○○○○교회로 오게 되었습니다.

하지만, 10주간의 양육과정을 거쳐야 한다는 말씀을 듣고 당황하고 놀랐습니다. 이전 교회에서 이미 새신자 교육을 받았는데 넉 달이나 걸려서 다시 교육을 받아야 한다는 것에 부담스러운 생각을 가지고 10주 양육의 첫날을 맞았습니다.

생각은 양육자 집사님과의 첫 만남에서부터 완전히 달라졌습니다. 세상 속에서 가졌던 경험들과 공통점이 많아서 마음이 활짝 열렸고 마음에 가지고 있던 질문들을 진심으로 나눌 수 있었습니다. 내가 죄인이라는 고백이 하나님 앞에서 왜 중요한지, 예수님의 십자가 사건이 단순한 역사적 사실이 아니고 나와 어떻게 연결되는지' 등 그간 누구에게 물어보기 힘들고 주저하던 이야기를 매 양육 시간에 나눌 수 있었습니다. 마음 속 질문을 나누면서 궁금증이 해소되는 것도 있었고, 교재를 보며 토론을 하며 더욱 생각을 깊게 하게 되는 경우도 있었습니다.

양육의 과정을 통해 누군가에게 평가되는 것이 아니라 있는 그대로 받아들여지고 함께 고민해 주신다는 생각에 안정감을 느끼면서 매 양육의 시간을 기다리며 편안한 마음을 가질 수 있었습니다. 10주간의 양육과정을 함께하며 양육자 집사님이 믿음의 동역자이자 좋은 선배로 여겨지며 기쁜 마음이 들었고, 속회를 통해 믿음의 동지를 만나게 되었습니다.

이제는 공동체와 함께 하나님의 사람으로 세상을 살면서 각자의 어려움을 나누고, 서로를 격려하고 서로의 간증과 믿음을 나누며 하루하루 의미를 더해가는 삶을 살고 있습니다. 항상 최고의 것을 주시는 하나님의 말씀을 너무도 신뢰하고, 저보다 앞서 양육과정을 준비해 주시고 믿음의 공동체를 주신 하나님께 감사하며 찬양합니다.

세례 간증문의 예

○○○ 성도

저는 예전부터 항상 일이 우선이며, 남보다 우월한 삶을 추구하였습니다. 남을 이기는 데 수단을 가리지 않았고, 일이 원하는 대로 흘러가지 않으면 혹독하게 자책하며 살았습니다. 하지만 어느 정도 성공했다고 생각했을 무렵, 심한 공황장애와 허무함을 겪게 되었습니다. 그때 문득 교회를 다니시는 부모님의 기도가 저를 살리고 있다는 생각을 하게 되었고, 교회에 나가보고 싶다는 생각이 들어 지인을 통해 ○○○○교회를 소개받아 오게 되었습니다. 저는 항상 제가 정결하지 못하기 때문에 하나님을 모시고 살 수 없다고 생각했으나, 예배에 참석하고 말씀을 들으면서 예수님을 영접한다는 것이 제가 정결한 사람이어서가 아니라는 것을 알게 되었습니다.

양육과정 동안 궁금한 것도 많이 물어보고, 진솔하게 이야기를 나누면서 많은 것을 배우고 느낄 수 있었는데 그 중에서 3과가 가장 은혜로웠습니다. 예수님 앞에 나아가기 가장 두려웠던 점이 제가 죄인이라는 생각 때문이었는데, 오히려 제가 죄인이기 때문에 주님 앞에 나아가야 한다는 것을 알았습니다. 그리고 예수님께서 제 안에 거하신다는 말씀과 죄인임에도 용서받고 하나님의 자녀로서 권세를 누릴 수 있다는 것에 감사하고 교만했던 제 모습을 회개하는 큰 계기가 되었습니다. 양육을 받으면서 지나온 삶에서 저도 모르는 은혜를 많이 입었다는 것을 깨달았고 성령님께서 확실히 제 안에서 함께하고 계신다는 확신을 가지게 되었습니다.

요즘 저는 성령님께 묻는 습관이 생겼고, 기도하면서 성령님이 이끌어주시는 방향으로 순종하기를 바란다는 기도를 하는 저를 보게 됩니다. 또 저의 죄를 용서해 주신 주님의 사랑을 만나니 천국에 대한 확신도 생겼고 갑작스러운 죽음에 대한 두려움과 관련된 공황 증세는 모두 사라졌습니다. 죽음 이후에 천국이 있음을 알았기에 죽음을 두려워할 이유가 없어졌습니다.

양육 이후에 힘든 일이 있거나, 어떻게 해야 할지 모를 때마다 기도하는 습관이 생겼습니다. 성경도 꾸준히 읽고 있습니다. 양육 이전에는 도대체 무슨 소리인지 모를 지경이던 말들이 가득했는데, 은혜롭고 재미있다는 생각을 하고 있습니다.

여전히 저는 죄를 짓기도 하지만 그때마다 어떻게 이겨나갈지 예전에 저라면 생각지 못했을 행동들이 생각나고 실천하게 됩니다. 사람들을 일의 성과를 보고 판단하고 무시하지 않고 이전과 달리 도와주게 되었는데 제가 하는 것이 아니라 성령님이 이끌어주셔서 태도가 바뀌었음에 감사함을 느낍니다.

저 ○○○은 예수님의 보혈로 저의 모든 죄가 깨끗해졌음을 믿습니다. 이제 예전의 저로 결코 돌아가지 않고 제 안에 찾아오신 예수님께 겸손함으로 순종하며 살겠습니다. 하나님 앞에 서기를 기도해주신 부모의 소망대로 저와 함께하시는 주님과 함께 살겠습니다. 저의 삶을 이끌어주신 생명의 주님께 모든 감사를 드립니다.

부록 2: 새가족 양육에 관한 Q & A

Q. 등록을 하고 싶어요. 그런데 전에 다니던 교회에서 비슷한 훈련을 받았는데, 또다시 양육을 받아야 할까요?

A. 교회를 다니지만, 정확한 복음을 알지 못하고, 구원의 확신 가운데 거하지 못하는 사람이 많습니다. 그렇기 때문에 신앙생활을 시작하는 모든 성도는 복음의 진리 앞에 자신을 다시 한 번 점검해 보는 시간이 될 것입니다. 더 의미 있는 일은 양육훈련을 통해 자신도 양육자가 될 수 있고, 양육 대상자를 하나님의 자녀로 세워가는 복을 누리실 수 있습니다. 이런 경험을 통하여 향후에 좋은 양육자가 될 수 있습니다.

Q. 새가족 과정이 10주인 것은 너무 길지 않나요?

A. 교회에 등록하기 전에 교회와 새가족 모두 하나님이 이 교회로 인도하셨는지를 분별해 보는 준비 과정으로서의 10주는 긴 것이 아닙니다. 오히려 새롭게 마음을 점검해 보는 영적 도전이 됩니다. 또 한 가족이 되어가는 데 시간이 필요한 것처럼 10주 동안의 양육과정을 거치면서 한 가족이 되는 과정을 겪게 됩니다. 양육을 마친 후에는 가족과 같은 친밀한 관계를 누리게 될 것입니다.

Q.10주 양육으로 새가족의 정착률이 떨어지는 것은 아닌가요?

A. 새가족의 정착률은 원칙적으로 양육과정의 기간의 문제가 아니라 새가족을 섬기는 양육자에 의해서 좌우됩니다. 잘 훈련된 양육자들은 10주라는 기

간 동안 새가족이 정착할 수 있도록 돕게 됩니다. 경험으로 볼 때 절대 정착률이 떨어지지 않습니다.

Q. 양육수료식 때 양육을 마친 사람이 간증을 하던데 간증문을 꼭 써야 할까요? 그리고 도무지 다른 사람들 앞에서 읽을 자신이 없는데….

A. 성도님의 고민을 충분히 이해하고 공감합니다. 양육수료식을 앞두고 가급적이면 양육 받는 과정 중에 자신에게 일어났던 영적인 경험들을 잘 정리해 보도록 권유합니다. 이 과정이 간증문을 기록하는 단계입니다. 간증문을 기록하면서 다시 한 번 자신을 점검하게 되고 정리된 내용을 하나님과 성도 앞에서 읽음으로써 확실한 믿음을 갖게 되는 경우를 많이 봅니다. 실제로 간증문을 써보면 염려했던 것보다 자신감 있게 쓸 수 있을 것입니다.

Q. 9과에서 새가족에게 예수동행일기(예수님과 동행)를 알려 주기에는 너무 이해하기 어렵고 빠른 것은 아닐까요?

A. 그동안 한국교회는 속죄의 복음, 의롭다함을 얻는 은혜에 대해 가르치는 것에만 너무 집중했습니다. 그래서 예수님이 나와 함께 계시다는 것에 대해서는 거의 가르치지 못했습니다. '지금 예수님이 당신 안에 계신다'는 것에 대해 가르쳤다면 그리스도인들은 아마 훨씬 더 충만한 기쁨과 은혜를 경험하며 신앙생활을 했을 것입니다. 너무 빠른 것이 아니라 처음부터 가르쳐주어야 합니다.

부록 3: 〈새가족 양육일지〉

년　월　일

순번	양육자 성명	직분	양육 대상자	직분	새가족 교구	교육 장소	교육 회차	양육을 못했다면 그 사유를 기록하십시오.
1								
2								
3								
4								
5								
6								
7								
8								
9								
10								
11								
12								
13								
14								
15								
16								
17								
18								
19								
20								

믿음의 기초를 세우는 10가지 복음 메시지

당신은 행복하십니까? |양육지침서|

초판 1쇄 발행 2021년 01월 13일
초판 16쇄 발행 2024년 01월 03일

지은이 유기성

기획·편집 김순덕 유지영 홍정호
디자인 브릿지제이 bridgej824@gmail.com
본문 일러스트 구배훈 gubeme@naver.com

펴낸곳 도서출판 위드지저스
등록번호 제251-2021-000163호
주소 경기도 성남시 분당구 하오개로344번길 2, 2층
전자우편 wjp@wjm.kr | 전화 031-759-8308 | 팩스 031-759-8309

Copyright ⓒ 유기성, 2021, Printed in Korea

ISBN 979-11-91027-04-4   03230

이 출판물은 저작권법에 의해 보호를 받는 저작물이므로
무단 전재와 무단 복제를 금합니다.

*잘못된 책은 바꿔드립니다.
*책값은 뒤표지에 있습니다.